MON CAHIER

MA GROSSESSE ET MOI

— VÉRONIQUE DEILLER —

ILLUSTRATIONS
ISABELLE MAROGER

SOLAR EDITIONS

INTRODUCTION

Félicitations, vous êtes enceinte ! Vous avez compté les jours, trépigné sur place pendant de longues heures, attendu et attendu, mais elles (vos règles) ne sont jamais venues… Et vous avez fini par faire ce test de grossesse qui devait changer votre vie ! Eh oui, un petit « plus » miraculeux est apparu après un pipi bien ciblé, et vous voilà futurs maman et papa en devenir ! Bravo, vous êtes de sacrés veinards !

C'est donc officiel : le voyage a commencé ! Il ne vous reste plus que 9 mois pour prévoir le débarquement de votre petit moussaillon. Pour y parvenir, fixez-vous un seul et unique cap : prendre soin de vous jusqu'au bout ! De là, votre plan de route, même s'il est bien chargé, ne pourra que couler de source !

Au programme : vous ferez escale quand il le faudra chez votre gynécologue ou votre sage-femme, veillerez à bien anticiper le débarquement en préparant votre projet de naissance et en participant à une préparation à l'accouchement… Vous apprendrez aussi à dompter les tempêtes émotionnelles et les maux de mer (mère) et à renforcer les liens avec votre petit équipage (le futur bébé et votre homme), chaque trimestre de votre grossesse. Dans quelques semaines, un nouvel horizon (merveilleux, évidemment) s'ouvrira à vous : la maternité !

Alors certes, la grossesse vous semblera parfois un brin frustrante – surtout à l'heure de l'apéro –, souvent fatigante et peut-être même un peu contraignante (comment ça, vous n'avez pas signé pour les touchers vaginaux, les examens urinaires et les pieds qui gonflent ?)… Mais la grossesse va aussi, et surtout, vous submerger d'une vague de bonheur que vous ne soupçonniez pas ! Larguez les amarres !

TEST QUELLE EST VOTRE GROSSESSE RÊVÉE ?

Zen, ultra-informée ou complètement tendance : comment se déroulera la grossesse de vos rêves ? Répondez aux questions de ce test pour le découvrir !

Avant de tomber enceinte, vous étiez plutôt…

- △ Zen : vous avez laissé faire la nature.
- □ À l'affût : vous avez téléchargé toutes les applis d'ovulation, surfé sur tous les forums de conception.
- ○ Hédoniste : vous avez testé toutes les positions du Kama-sutra pour tomber enceinte !

Quand le test de grossesse s'est révélé positif, comment avez-vous réagi ?

- ○ Vous n'avez rien dit, le temps de trouver LA solution parfaite pour l'annoncer à votre homme.
- △ Vous vous êtes ruée dans les bras du futur papa pour lui annoncer la nouvelle.
- □ Vous avez fait un deuxième test, juste pour vérifier…

À terme, vous vous voyez maman…

- □ D'un enfant : l'idéal pour trouver le bon équilibre !
- ○ De deux enfants : avec deux parents, c'est l'équation parfaite.
- △ D'une grande tribu : plus on est de fous, plus on rit !

Votre homme vous l'aimez plutôt…

- □ Geek : console dans une main, tablette dans l'autre.
- ○ Hipster : barbe et lunettes carrées vintage incluses.
- △ Sain : au naturel avec un zeste de sport et de bonne humeur.

Quand vous avez émis l'idée de faire un bébé, il a répliqué…

- □ Oui, mais quand ?
- ○ C'est vrai que tous nos potes sont déjà parents…
- △ Tu es enceinte, c'est ça ?

Le must du dessert, pour vous, c'est…

- □ Le baba au rhum ou le Paris-Brest.
- ○ Le mug (ou le cup) cake.
- △ Le bon vieux gâteau au choco de Mamie.

Lorsque vous avez rencontré le futur papa, vous vous êtes dit…

- □ Il a de bons gènes !
- △ Qui vivra, verra !
- ○ Si ça colle, notre enfant sera aussi beau que Ryan Gosling (et intelligent en plus !)…

Dans les transports, vous lisez plutôt…

- ○ La chronique des livres dans *Elle* pour connaître les dernières tendances littéraires.
- △ Un magazine parental, histoire de vous détendre… en vous informant !
- □ Les mails que vous n'avez pas le temps de regarder au bureau.

Si on vous dit : « Alors, tu fais encore du sport, maintenant que tu es enceinte ? », vous répondez…

- □ Eh oui, j'en ai d'ailleurs fait ce matin, comme trois fois par semaine !
- △ Plus trop, non… demain peut-être !
- ○ Je m'adapte ! J'ai testé le Waterbike® et la gym suédoise… Il paraît que c'est le top pour les femmes enceintes !

Depuis que vous êtes enceinte, vous voyez plutôt vos parents comme…

- □ Un cas d'étude psycho-pédago-sociologique (à suivre ou non).
- ○ De futurs baby-sitters.
- △ L'excuse parfaite pour passer le dimanche à la campagne.

FAITES LES COMPTES !

□	○	△
2	2	6

Une majorité de □ : *Votre grossesse de rêve sera studieuse !*

Grande bosseuse devant l'Éternel, vous n'arrêtez jamais d'apprendre ! S'il va falloir lever le pied au bureau pendant quelques mois, vous allez pouvoir assouvir votre curiosité en devenant experte en grossesse !

➾ Profitez de ces 40 semaines pour dévorer tous les livres sur la maternité que vous croiserez et assaillir votre sage-femme ou votre gynéco de questions. Vous l'aurez compris : la grossesse, c'est continuer à grandir tout en attendant que bébé pousse !

Une majorité de ○ : *Votre grossesse de rêve sera « hype » !*

Vous aimez être à la pointe des tendances ? Vous allez être gâtée… surtout si c'est votre premier ! De nouvelles sensations à un équilibre de vie radicalement différent, vous allez pouvoir savourer 40 semaines de découvertes !

➾ Vous vous rendrez rapidement compte que la grossesse a ses propres modes réservées au club de quelques privilégiées ! Baby shower, préparations à la naissance, prêt-à-porter pour femme enceinte… il est temps de vous mettre au diapason des célébrations de la grossesse !

Une majorité de △ : *Votre grossesse de rêve sera cool !*

Certes, vous vous apprêtez à vivre une petite révolution avec la venue au monde de ce bébé ! Pour autant, pas question d'angoisser : votre grossesse sera comme vous, détendue et pleine de bonne humeur !

➾ Les maux de la grossesse, vous vous en accommoderez avec une petite blague bien pensée. Les interdits – aussi frustrants soient-ils – vous les respecterez en les détournant à votre faveur. Bref, votre grossesse sera zen et heureuse… Il ne vous reste donc plus qu'à en profiter !

Chapitre 1

1er trimestre

Je suis enceinte, c'est confirmé !

Avant d'accueillir votre « mini-vous », il va falloir attendre neuf longs mois, avec un 1er trimestre surprenant !

D'un côté, ces premières semaines s'annoncent passionnantes ! Vous allez ressentir des émotions et sensations totalement nouvelles (surtout si c'est votre premier enfant) et faire la connaissance de votre futur bébé à la première échographie… Bientôt, vous ne compterez plus les litres de larmes de bonheur déversés !

D'un autre côté, il faudra que vous appreniez à gérer l'ascenseur émotionnel que vous allez prendre, maintes et maintes fois, et les petits maux de ce début de grossesse (à commencer par les nausées et la fatigue). Et c'est sans compter sur la nouvelle assiduité qu'il faudra vous imposer entre les premiers rendez-vous médicaux réguliers et votre nouvelle hygiène de vie. Bref, ces trois premiers mois s'annoncent bien chargés !

Besoin de conseils pour vous organiser sans stresser ? Faites le point sur ce qui se trame dans votre corps, découvrez quelques astuces pour revoir votre alimentation, remplissez votre check-list médicale et n'oubliez pas de vous reposer ! Vous allez voir, tout va aller comme sur des roulettes !

Qu'est-ce qui se passe dans mon corps ?

Le 1er trimestre est celui de tous les paradoxes. En apparence, vous êtes toujours la même, mais en vous, les transformations les plus importantes de la grossesse s'opèrent. Vous êtes heureuse, mais pleine d'appréhensions… Rassurez-vous, c'est le début d'une petite révolution que vous allez traverser haut la main !

Bébé, à quoi ressembles-tu ?

Au cours de ces 3 premiers mois de grossesse, votre futur bébé passe d'un agglomérat de cellules à un fœtus qui bouge déjà. Et ce, en quelques semaines… Incroyable !

1er mois : des cellules et un petit cœur !

Après la nidation, le futur bébé comporte à peine une dizaine de cellules et ne mesure que 0,1 mm. Il grandit ensuite à vitesse grand V et mesure, dès la 2e semaine de grossesse (4 semaines d'aménorrhée ou « SA »), 0,2 mm avec ses 150 cellules. Se forment alors sa tête, son extrémité caudale – le futur sacrum – et l'ébauche de ses premiers organes. Son cœur commence à battre ! À la fin du premier mois, l'embryon mesure déjà 5 mm.

2e mois : un embryon qui pousse, qui pousse !

Dès la 5e semaine de grossesse (7 SA), ses yeux, ses oreilles et son cerveau font leur apparition. Se forment ensuite, autour du cordon ombilical, les organes du ventre, puis progressivement ses os et ses muscles. À 7 semaines (9 SA), son appareil digestif est déjà en place et son petit cœur comporte 4 cavités. À la fin du 2e mois, c'est au tour de son système nerveux et de sa moelle épinière de s'esquisser. En 4 semaines, l'embryon a doublé sa taille pour atteindre 30 mm.

3e mois : un fœtus qui bouge déjà !

Au début du 3e mois, la période dite « embryonnaire » est révolue. Votre futur enfant est maintenant un fœtus qui continue de pousser comme un champignon ! De 4,5 cm et 10 g à 9 semaines (11 SA), il passe à 12 cm et 65 g à 13 semaines (15 SA). Il développe alors ses organes génitaux, les os de son bassin et ses côtes. Et grande nouvelle : même si vous ne le sentez pas encore, bébé se met déjà en mouvement !

Le risque de fausse couche

La fausse couche représente la plus grosse appréhension de toutes les futures mamans. Comment l'expliquer et surtout l'éviter ? Explications d'un gynécologue-obstétricien.

Fausse couche : ce qu'il faut savoir

L'avis de l'expert, Dr Gilles Dauptain, gynécologue-obstétricien

Il existe plusieurs types de fausses couches : les fausses couches d'origine mécanique qui surviennent chez certaines femmes à risques (ayant une malformation de l'utérus ou une béance du col) et toutes les autres fausses couches spontanées. Dans le premier cas, les futures mamans bénéficient d'un suivi rapproché. Dans le second, la grossesse s'interrompt souvent, car l'œuf n'est pas compatible avec une survie à long terme, à cause d'une anomalie chromosomique, par exemple. Dans ce cas, la fausse couche intervient spontanément puisque le bébé ne peut pas se développer normalement.

Heureusement, il existe des gestes pouvant prévenir la fausse couche, comme le rappelle notre expert…

Dès le début de la grossesse, vous éviterez soigneusement :
– le travail fatigant,
– les très longs trajets en voiture,
– les sports dangereux (moto, parachutisme, équitation).

Veillez surtout à bien vous reposer : couchez-vous plus tôt, dormez au moins 8 heures… et tout se passera bien ! Au-delà de 3 mois, le placenta prend le relais des hormones ovariennes pour aider le fœtus à grandir. Et ç'en est alors fini (ou presque) du risque de fausse couche !

Domptez le jargon de la grossesse !

Tour d'horizon de ces abréviations que vous n'avez pas fini d'entendre !
– **DPA** : Date prévue d'accouchement.
– **SA** : Semaine d'aménorrhée, soit le nombre de semaines écoulées depuis le début des dernières règles.
– **SG** : Semaine de gestation, soit SA - 14 jours.
– **hCG ou ßhCG** : Hormone gonadotrophine chorionique, sécrétée par l'ovaire, puis par le placenta. C'est elle qui « officialise » la grossesse.
– **HU** : Hauteur utérine, mesure du pubis au fond de l'utérus permettant d'estimer la taille du bébé.

Je prends soin de notre santé !

Nouvelle alimentation, nouvelle hygiène de vie ! Le 1er trimestre de grossesse marque l'avènement des grands changements, indispensables pour préserver votre santé et celle de bébé. Pas faciles à adopter ? Découvrez quelques pistes qui devraient vous y aider !

Je revisite ma liste de courses

En raison des risques de **toxoplasmose**, de **listériose** ou d'**intoxication**, certains aliments sont (malheureusement !) déconseillés aux femmes enceintes…

Toxoplasmose et listériose : c'est quoi au juste ?
La toxoplasmose est une maladie parasitaire qui se contracte par l'ingestion de viande insuffisamment cuite, par contact avec les déjections de chat ou l'absorption de fruits et légumes non lavés qu'elles auraient pu contaminer. Si, en temps normal, la « toxo » est bénigne, elle peut se transmettre de la future maman à son bébé et avoir de graves conséquences. Heureusement, la plupart des femmes enceintes sont immunisées !
La listériose est une maladie bactérienne qui se contracte par voie alimentaire et peut, elle aussi, être dangereuse pour le fœtus. Les principaux aliments contaminés par la listeria sont : les viandes, les viandes en gelée, les œufs, la charcuterie à la coupe, les rillettes et les fromages à pâte molle. Attention, la bactérie résiste au froid (4 °C). Votre mission : faire en sorte de garder votre frigo nickel !

Check-list des aliments à éviter ou à savourer avec modération (à coller en évidence sur votre frigo !)

À bannir

- L'alcool sous toutes ses formes

À ne pas consommer… par sécurité !

- La charcuterie
- Le foie gras
- Les viandes fumées ou crues (carpaccio, jambon)
- Les produits en gelée
- Le surimi
- Le tarama
- Le lait cru non pasteurisé
- Les fromages au lait cru ou à pâte molle (camembert, brie)
- Les graines germées
- Les aliments à base de soja
- les œufs crus ou pas assez cuits (au plat, mollet…)

À limiter

- Le café
- Le thé
- Les boissons contenant de la caféine
- Les produits « light » à base d'édulcorants

Alimentation : au secours, je vais craquer !

Depuis que vous êtes enceinte, vous respectez minutieusement tous les conseils nutritionnels, et évitez soigneusement les interdits. Mais voilà, la tentation n'est jamais bien loin ! Quelques pistes pour résister à vos envies défendues…

J'ai envie de sushis !

Interdits : les poissons crus peuvent contenir certaines bactéries potentiellement dangereuses pour le futur bébé, comme les salmonelles.

➾ **Je les remplace** par des sushis végétariens ! Les makis au concombre ou au radis, les sushis-omelette devraient vous faire oublier vos sashimis chéris ! À noter : selon les pays, les autorités sanitaires autorisent aux futures mamans la consommation de poisson cru, à condition qu'il ait été préalablement congelé. C'est le cas en Grande-Bretagne. En France, les experts du Programme National Nutrition Santé (PNNS)[1] recommandent de s'abstenir. Mieux vaut jouer la sécurité !

Je me damnerais pour une mousse au chocolat !

Interdite : faite maison, la mousse au chocolat contient de l'œuf cru qui, lui aussi, peut être contaminé par des salmonelles. Veillez donc à l'éviter comme les œufs à la coque, les œufs mollets et la mayonnaise préparée par vos soins !

➾ **Je la remplace** par une mousse au chocolat… sans œufs !

Recette de la mousse au chocolat sans œufs
Faites fondre 100 g de chocolat au bain-marie. Montez 110 cl de crème fleurette en chantilly. Mélangez les deux préparations et dégustez la mousse bien fraîche !

Je me languis d'un bon tartare !

Interdit : la viande crue peut véhiculer la toxoplasmose ET la listériose.

➾ **Je le remplace** par de la viande TOUJOURS BIEN CUITE et marinée à l'huile d'olive et aux épices (pour qu'elle reste tendre). L'alternative sans viande : un tartare de betteraves !

Recette du tartare de betteraves
Nettoyez 2 betteraves cuites, puis taillez-les en petits dés. Mélangez à la préparation une échalote émincée, du persil, 1 c. à c. de vinaigre de Xérès et 2 c. à c. d'huile de tournesol. Émiettez 150 g de feta à ajouter à la préparation. Salez, poivrez et savourez !

[1] Programme National Nutrition Santé (PNNS) : http://www.mangerbouger.fr/pnns

Je veux un camembert !

Interdit : le fromage à pâte molle ou au lait cru présente lui aussi des risques de transmission de la listériose.

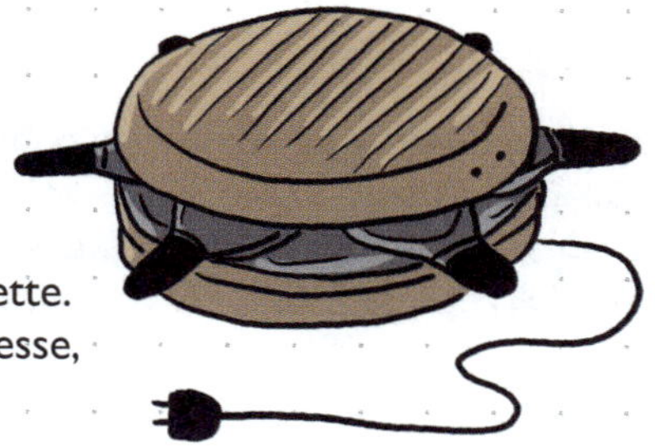

➡ **Je le remplace** par une (petite) raclette. Les fromages à pâte cuite sont autorisés pendant la grossesse, à condition de bien en retirer la croûte.

Je rêve d'un bon pâté !

Interdit : le pâté, comme toutes les charcuteries, présente un risque accru de contamination par la listeria (encore elle !).

➡ **Je le remplace par** des rillettes de jambon cuit.

Recette des rillettes de jambon cuit
Mixez 4 tranches de jambon blanc ou de dinde.
Ajoutez-y 2 c. à s. de fromage blanc.
Émincez 2 ou 3 cornichons, quelques câpres et un peu de ciboulette à incorporer au mélange.
À savourer avec des toasts de pain complet !

Et les coquillages alors ?
L'avis de l'expert, Dr Gilles Dauptain, gynécologue-obstétricien
Les coquillages ne sont pas interdits pendant la grossesse. Ils ne présentent pas de risque pour le fœtus. Seul le manque de fraîcheur est à craindre par la future maman… comme par tout le monde ! Mon conseil : mangez-en raisonnablement et vérifiez toujours que les coquillages ne proviennent pas d'une zone contaminée (par les salmonelles).

Remplacez… mais avec modération !

Même si vous êtes enceinte, vous ne devrez pourtant pas manger pour deux ! En effet, les apports énergétiques supplémentaires pour une future maman sont loin d'être élevés.

Aux 2 000 calories quotidiennes recommandées à une femme active s'ajoutent :
– 70 kcal par jour au 1er trimestre, soit deux biscottes ou un yaourt.
– 260 kcal par jour au 2e trimestre, soit trois tranches de pain complet.
– 500 kcal par jour au 3e trimestre, soit une part d'emmenthal, deux portions de fromage blanc et un quart de baguette.
Vous l'aurez compris, autant manger raisonnablement !

Mes p'tites habitudes : aux oubliettes ?

À quelques mois de l'arrivée de bébé, il va falloir revoir votre hygiène de vie. Mais comment savoir quelles sont vraiment les habitudes à perdre et celles à garder, quitte à lever le pied ? Les conseils de Sophie Guillaume, sage-femme, en fonction de vos petits rituels quotidiens… Alors, j'arrête, je freine ou je continue ?

On me confond parfois avec Serge Gainsbourg (ou Macha Béranger)…

La cigarette ? J'arrête !

L'avis de l'expert : « Le tabac est toujours une très mauvaise habitude, alors autant profiter de la grossesse pour y mettre un terme. D'autant plus que la cigarette a un impact sur le fœtus en l'empêchant d'obtenir la quantité d'oxygène nécessaire *via* le sang maternel. Profitez donc de ces premières semaines pour vous faire prescrire des substituts nicotiniques ou commencer un autre type de sevrage (hypnose, acupuncture). »

Je suis une Véronique (ou Davina) des années 2010…

Le fitness ou la course ? Je continue (puis je freine) !

L'avis de l'expert : « Au 1er trimestre de grossesse, il n'y a pas de sport qui vous soit interdit (en dehors des sports à hauts risques, type équitation). Ce n'est qu'à partir du 4e mois, qu'il faut mettre le holà sur toutes les pratiques pouvant entraîner de gros efforts cardio (squash), des secousses ou des vibrations (footing), voire des chutes (ski). Pour conserver une activité physique, privilégiez alors la marche ou les sports d'eau. »

Je pourrais rencontrer George Clooney tant je squatte la machine à expresso…

Le café ? Je freine !

L'avis de l'expert : « La caféine, comme la théine, sont des excitants qui peuvent contribuer aux aigreurs d'estomac et à la perte de sommeil. Mieux vaut les limiter à 2 ou 3 tasses par jour. »

J'adooore les chatons mignons…

Caresser mon chat ? Je continue !

L'avis de l'expert : « La sérologie de la toxoplasmose faite en début de grossesse permet de voir si la vigilance s'impose face à votre chat. Si vous êtes immunisée, pas de problème. Si vous êtes « toxo négative », il suffit de rester loin de la litière, la toxoplasmose se contractant *via* les selles et les urines des chats, pas les caresses ! »

Je joue souvent les Mary Poppins pour les copines…

La garde d'enfant ? Je continue !

L'avis de l'expert : « Le risque de contamination par le CMV (« cytomégalovirus »), un virus de la famille des herpès très répandu chez les enfants qui se contracte par contact avec l'urine, concerne essentiellement les femmes travaillant dans les crèches ou les maternelles. Pour l'éviter, LAVEZ-VOUS LES MAINS FRÉQUEMMENT, et ayez toujours un flacon de solution hydro-alcoolique sur vous ! »

Je suis une phobique du poil…

L'épilation à la cire chaude ? Je freine !

L'avis de l'expert : « Pendant la grossesse, la fragilité veineuse et les problèmes de circulation sont accrus, mais uniquement si vous y étiez déjà prédisposée ! Certaines femmes n'en rencontrent absolument pas. Il n'y a donc pas de contre-indication à s'épiler à chaud, une ou deux fois par mois. Par contre, si vous êtes sujette aux jambes lourdes, privilégiez la cire froide. » À noter : pas d'épilation définitive pendant la grossesse !

J'aime qu'on me bichonne !

Les massages ? Je continue !

L'avis de l'expert : « Il n'y a priori aucune contre-indication si vous appréciez de vous faire masser. Par contre, évitez le sauna et le hammam qui, en modifiant le rythme cardiaque et le volume sanguin, peuvent favoriser les malaises. »

J'apprécie tellement les transports en commun que j'y passe deux heures par jour…

Les trajets du quotidien ? Je continue !

L'avis de l'expert : « Les risques liés aux longs trajets apparaissent surtout au 2e trimestre. Vous pouvez donc faire vos allers-retours en métro ou en voiture sans inquiétude (pas de risque de fausse couche). Seul conseil : privilégiez les transports en commun plutôt que la voiture sur de longs trajets pour éviter les vibrations. »

Adieux mes petits maux !

Nausées, fatigue, aigreurs d'estomac… C'est au cours du 1er trimestre de grossesse que les petits maux du quotidien seront les plus difficiles à gérer. Il existe heureusement une ribambelle de petites solutions pour les apaiser !

Souriez, ça aurait pu être (bien) pire !

Depuis que vous êtes enceinte, la fatigue et les nausées pèsent sur votre moral ? Pour dédramatiser et comprendre un peu mieux les effets surprenants de la grossesse, saurez-vous relier ces petits maux à leur définition ?

Qu'est-ce que…

1. L'hypersalivation ?
2. L'*hyperemesis gravidarum* ?
3. Le syndrome du canal carpien ?
4. Un prurit gravidique ?
5. Le reflux gastro-œsophagien ?
6. La pollakiurie ?
7. L'aérophagie ?
8. L'hyperseborrhée ?
9. Un malaise ?
10. L'hyperlaxité ligamentaire ?

a. Une tendance aux ballonnements et aux flatulences ! Avec la grossesse, l'appareil digestif devient paresseux. Résultat : on a tendance à se sentir gonflée.

➾ **La solution :** évitez de trop manger et bannissez les aliments gras ou épicés.

b. La sécrétion abondante de salive pouvant atteindre deux litres par jour. Elle se soigne mal (parfois par l'acupuncture), mais s'arrête après l'accouchement. Ouf !

➾ **La solution :** ayez toujours un paquet de mouchoirs sur vous !

c. Des démangeaisons concentrées sur le ventre, les jambes ou le torse. Fréquentes, elles peuvent s'intensifier à partir du 6e mois et doivent alors être surveillées de près.

➾ **La solution :** l'application quotidienne d'une crème hydratante ou d'un traitement local prescrit par votre praticien.

d. L'envie (trop) fréquente de faire pipi, qui commence dès le début de la grossesse sous l'effet des hormones et perdure quand la tête de bébé appuie sur la vessie.

➾ **La solution** : continuez de boire et repérez sur vos trajets les toilettes accessibles en cas d'urgence ! Signalez le problème à votre médecin ou votre sage-femme pour écarter tout risque d'infection urinaire !

e. La production excessive de sébum. Cheveux gras, acné : enceinte, on a parfois l'impression d'être à nouveau une ado ! Merci les hormones !

➾ **La solution** : des cosmétiques sans alcool, non comédogènes et de préférence bio.

f. La forme sévère des nausées matinales due à l'augmentation de l'hormone ßhCG. Si elle peut mener à une hospitalisation pour éviter la déshydratation, elle passe généralement après le 1er trimestre.

➾ **La solution** : en parler à votre praticien et patienter ! Après tout, ces nausées n'ont pas empêché Kate Middleton d'avoir une fin de grossesse tranquille !

g. Des fourmillements et engourdissements dans les doigts, liés à une compression du nerf médian situé au niveau du poignet et associés à une tendance à laisser échapper les objets. Fréquents au 3e trimestre de grossesse, ils disparaissent tout de suite après la naissance.

➾ **La solution** : l'ostéopathie ou l'acupuncture !

h. Des brûlures et aigreurs d'estomac. Pendant la grossesse, la digestion est plus lente et l'utérus qui grandit tend à comprimer l'estomac. Résultat : les sucs gastriques peuvent remonter dans l'œsophage.

➾ **La solution** : privilégiez les œufs (bien cuits), le lait ou les pommes de terre, et pensez aux pansements gastriques !

i. La sensation de tête qui tourne, voire la perte brève de connaissance. Sans gravité, elle s'explique par l'augmentation du volume sanguin pour alimenter le placenta.

➾ **La solution** : évitez de rester debout trop longtemps sans bouger.

j. L'élasticité excessive de certains muscles, tendons et ligaments. Pendant la grossesse, la relaxine, une hormone destinée à préparer le corps à la croissance de bébé, apparaît. Résultat : la future maman peut ressentir des douleurs articulaires et même grandir des pieds !

➾ **La solution** : reposez-vous autant que possible ! La nuit, dormez sur le côté, avec un oreiller placé entre les jambes.

Réponses :
7a, 1b, 4c, 6d, 8e, 2f, 3g, 5h, 9i, 10j

Mes p'tites recettes antifatigue et anti-déprime

Au cours de ce 1er trimestre de grossesse, vous serez sûrement confrontée à des petits coups de pompe et de déprime… Comme toutes les futures mamans l'ont été avant vous ! Heureusement, toutes ont trouvé LE petit truc en plus pour retrouver de l'énergie et se remettre du baume au cœur. Florilège…

Devenir paresseuse sans culpabiliser

« Pendant le 1er trimestre de ma grossesse, j'étais littéralement exténuée… Ma solution : la sieste et surtout la micro-sieste, à piquer en toute discrétion au bureau. Sans oublier de prévoir des boules Quiès pour se reposer dans les transports en commun. » Camille, 27 ans

« J'ai vite découvert, usé et abusé des courses en ligne. Au début de la grossesse, on se rend compte qu'il est possible de gérer plein de choses en restant dans son canapé. » Julie, 33 ans

« J'ai reporté à demain (ou au 2e trimestre) ce qui pouvait l'être ! La procrastination m'a bien souvent sauvée de la fatigue ! » Isis, 29 ans

Abuser de son entourage

« J'ai rapidement compris que si l'homme, belle-maman ou la copine propose de nous aider, il faut TOUJOURS accepter. » Clémentine, 38 ans

« Nous avions mis en place un code secret avec le papa pour faire partir les invités ou la famille quand la fatigue se faisait sentir. Notre signal : allumer des bougies ! » Nine, 33 ans

S'accepter… et se détendre

*« Dès le début de ma grossesse, j'avais les larmes aux yeux en permanence. Ma solution : l'homéopathie (*Pulstilla 15 CH*). »* Elodie, 22 ans

« Pour me sentir belle et me redonner la pêche, je me suis offert régulièrement de jolis vêtements de grossesse et une belle coupe de cheveux ! » Alexandra, 34 ans

Les 10 commandements pour échapper aux nausées

Depuis quelques semaines, les nausées vous pourrissent la vie ? Dites-leur « bye-bye » en 10 gestes quotidiens !

1. Un bon petit déj', tu prendras

Veillez à manger avant même de vous lever (une biscotte, des fruits secs, etc.). Restez encore 15 minutes bien au chaud sous la couette, puis direction la cuisine pour un vrai petit déjeuner composé d'une protéine, d'une céréale, d'un laitage et d'un fruit.

Le réflexe gagnant : convaincre votre homme que le petit déj' au lit est essentiel à votre bien-être pendant ces trois premiers mois de grossesse.

2. Tes repas, tu fragmenteras

Veillez à ne jamais avoir le ventre vide ! Au lieu des 3 repas habituels, optez pour un petit déjeuner, suivi d'une collation à 11 heures, du déjeuner, d'un goûter, du dîner et d'un en-cas avant le coucher…

Le réflexe gagnant pour les collations : un yaourt entier + 30 grammes de céréales entières.

3. Les bons aliments, tu privilégieras

Pour vous apporter de l'énergie sans les haut-le-cœur, misez sur les glucides. Vos nouveaux alliés : la banane, le riz, le pain et les pâtes à base de céréales complètes.

Le réflexe gagnant : domptez les quantités ! Une tranche de pain ou une petite poignée de céréales = une portion.

4. Au café, tes adieux tu feras

Qu'il est doux le café du matin ! Et pourtant… Non seulement sa forte odeur favorise les nausées, mais associé au lait, il est difficile à digérer.

Le réflexe gagnant : limitez les apports en caféine (café, thé, soda). Si ses effets restent à préciser, elle pourrait induire un retard de croissance chez le bébé[2]. La dose maximale conseillée : 300 mg par jour, soit deux tasses de café.

---

[2] Étude publiée en 2013 dans la revue *BMC Medecine* : « Maternal caffeine intake during pregnancy is associated with birth weight but not with gestational length ».

5. Les remèdes de grand-mère, tu tenteras

Manger une cuillerée de miel au réveil ou du gingembre confit, se préparer une infusion d'anis vert… Nos aïeules avaient leurs petits trucs pour faire passer les nausées ! Sans contre-indications, ils méritent d'être tentés !

➾ **Le réflexe gagnant :** osez le citron ! À suçoter en quartier ou à boire en décoction tiède.

6. Raisonnablement, tu boiras

Buvez en petites quantités tout au long de la journée, en évitant soigneusement le moment des repas.

➾ **Le réflexe gagnant :** misez plutôt sur les boissons froides à hauteur de 1,5 litre par jour. Pour éviter la constipation, optez pour une eau riche en magnésium, type Hepar®.

7. Les plats trop riches et odorants, tu fuiras

Adieux fromages, plats épicés et autres péchés mignons que vous vous accordiez. En attendant bébé, votre odorat et votre estomac, plus sensibles, ont besoin d'être épargnés !

➾ **Le réflexe gagnant :** repérez les aliments riches en zinc et vitamine B6 (escalope de veau, blanc de volaille, brocoli…) recommandés pour leurs propriétés antinausées.

8. Une activité physique, tu pratiqueras

Cherchez le juste équilibre entre bouger et vous reposer. Si rester allongée trop longtemps peut favoriser les vomissements, gesticuler dans tous les sens aussi !

➾ **Le réflexe gagnant :** trouvez une activité physique modérée et régulière qui vous plaise et déléguez à votre entourage toutes les corvées physiques ou odorantes (courses, popote…) !

9. Le stress, tu fuiras !

Les prises de bec au bureau ou les allers-retours dans les transports bondés sont autant de facteurs favorisant les nausées. Pour faire la paix avec votre estomac, restez zen !

➾ **Le réflexe gagnant :** n'oubliez pas de faire la sieste. Le moment idéal : une demi-heure à une heure après le déjeuner.

10. Un spécialiste, tu consulteras

Si les nausées persistent, n'hésitez pas à en parler à votre gynécologue ou votre sage-femme qui pourra vous prescrire un traitement adapté.

➾ **Le réflexe gagnant :** l'homéopathie (*Nux vomica* ou *Sepia* 9 CH) ou la phytothérapie (huile essentielle de bardane) peuvent vous apaiser. Mais pas d'automédication !

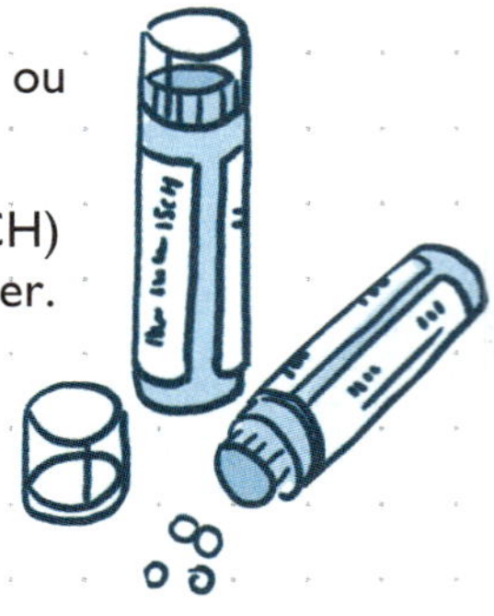

Je m'organise !

Certes, la grossesse est (presque toujours) un moment magique… Mais pas question de rester perchée sur votre petit nuage pendant 9 mois ! Rendez-vous médicaux, choix de la maternité, premières démarches pour trouver votre mode de garde : il est grand temps de vous y atteler !

Mes rendez-vous médicaux

Au cours de votre grossesse, certains examens médicaux importants sont à caler. Check-list à remplir par vos bons soins, pour vous faire une piqûre de rappel au moment voulu !

DATE	EXAMEN	POURQUOI ?	À PRÉVOIR	NOTEZ ICI VOTRE DATE DE RENDEZ-VOUS
1er mois de grossesse 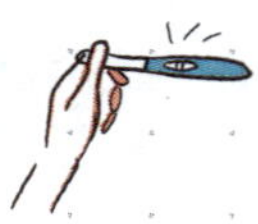	Premier bilan	Dès que votre test de grossesse est positif, prenez rendez-vous chez votre gynéco ou votre sage-femme. Il vous sera prescrit : – un dosage plasmatique (prise de sang) de la ßhCG pour confirmer votre grossesse, – une échographie pelvienne pour vérifier que l'embryon s'est bien niché dans l'endomètre.	Une bouteille d'eau ! L'échographie est souvent plus lisible la vessie pleine ! Buvez un petit litre d'eau, environ 45 minutes avant votre rendez-vous ! 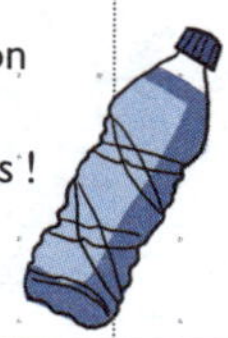	
Au cours du 2e mois **Vers 7 SA** 	Premier rendez-vous gynécologique	Il n'est pas rare de faire un point avec son praticien avant la première consultation prénatale. Au programme : – la détermination du début de la grossesse, – un examen clinique (recherche d'anémie, de varices, bilan général sur votre santé et vos antécédents, etc.), – la pesée et la prise de votre tension. L'objectif : évaluer si vous nécessitez un suivi particulier.	Commencez à constituer votre dossier médical (carte de groupe sanguin, résultats de votre précédent frottis, carnet de vaccination…).	

	Bilan biologique	Avant (ou lors de) votre première consultation prénatale, votre praticien vous prescrit un bilan comprenant : – la détermination du groupe sanguin avec facteur rhésus et Kell, – les dépistages de la toxoplasmose, de la rubéole et de la syphilis, – la recherche d'agglutinines irrégulières (RAI) pour identifier une incompatibilité maman/bébé. Une analyse pour identifier des protéines (protéinurie) dans les urines est également réalisée. L'objectif : détecter notamment une hypertension ou une infection urinaire.	Rien à signaler !	
Au cours du 3e mois **Entre 11 et 13 SA** 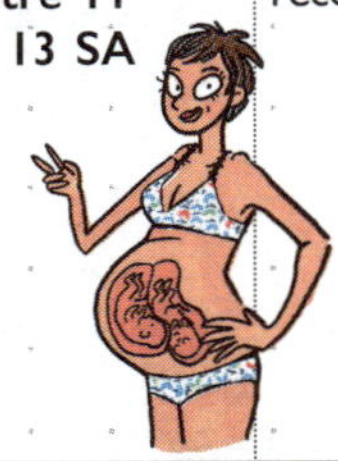	Première échographie (fortement recommandée)	Cette première écho, dite « de datation », est votre premier grand rendez-vous avec bébé. Son utilité : – dater exactement la grossesse, – vérifier le nombre de fœtus et contrôler son (ou leur) développement, – localiser le(s) placenta(s), – mesurer la clarté nucale pour dépister une éventuelle trisomie 21, – constater la quantité de liquide amniotique.	Veillez à prendre rendez-vous suffisamment tôt. Le jour J, buvez et évitez toute application de crème hydratante au niveau du ventre. Celle-ci s'oppose à la bonne transmission des ultrasons.	
Entre 11 et 14 SA	Bilan biologique	En complément de votre échographie, une prise de sang pour mesurer le taux de PAPP-A et l'hormone ßhCG est prescrite pour dépister la trisomie 21.	Si vous souhaitez refuser le dépistage de la trisomie, faites-le savoir à votre praticien.	
À partir de 11 SA	Biopsie du trophoblaste (ou choriocentèse)	Une toute petite partie du placenta peut être prélevée. L'objectif : poursuivre le dépistage de la trisomie 21 si les marqueurs PAPP-A, ßHCG et l'épaisseur de la nuque fœtale témoignent d'un risque accru.	Restez zen : les premiers résultats sont connus sous 48 heures.	
À partir de 15 SA	Première consultation prénatale (obligatoire)	Votre praticien fait le point sur vos antécédents, votre hygiène de vie et calcule votre DPA. Il fait également un premier bilan médical (poids, taille, tension artérielle, examens du cœur, des poumons, etc.) et un examen gynécologique avant de déclarer votre grossesse.	Listez vos questions, c'est le moment d'en parler !	

L'inscription à la maternité

Les questions à se poser auxquelles on ne pense pas assez !
Si certaines futures mamans n'ont pas vraiment le choix du service qui va les accueillir, d'autres vont devoir se creuser les méninges pour trouver LA maternité qui leur convient. Pour vous aider, posez-vous ces quelques questions essentielles !

Ai-je envie de courir un marathon ?

Vous l'avez appris dès l'école primaire : « Rien ne sert de courir, il faut partir à point » ! L'adage est le même pour la grossesse. Rien ne sert de choisir une maternité trop loin de chez vous qui vous fera gambader pour votre suivi et risque de compromettre votre arrivée à temps le jour J. Misez sur la proximité !

Ai-je envie de flamber ?

Vous aurez sûrement le choix entre l'hôpital (public) et la clinique (privée). Si la clinique a parfois des avantages, elle peut aussi représenter un vrai surcoût. La clinique qui vous intéresse n'est pas conventionnée (ou non agréée) ? Veillez à faire établir un devis et à vous renseigner auprès de votre mutuelle pour la prise en charge des frais.

Mon bébé sera-t-il bien accueilli ?

Si la grande majorité des naissances se passe bien, bébé a parfois besoin d'une prise en charge spécifique. Mieux vaut donc opter pour une maternité qui travaille en réseau. Les réseaux de périnatalité : quèsaco ? Depuis 1998, les maternités sont classées en 3 niveaux :

- **Les maternités de niveau 1** s'occupent des grossesses sans risque particulier de prématurité.
- **Les maternités de niveau 2** peuvent accueillir les petits prématurés (au-dessus de 32 SA).
- **Les maternités de niveau 3** peuvent prendre en charge les grands prématurés (en-dessous de 7 mois).

En fonction de l'évolution de votre suivi et de l'accouchement, l'équipe qui vous suit pourra vous renvoyer vers le service « partenaire » le plus à même de vous prendre en charge. Une bonne solution pour être rassurée en cas de pépin !

Ai-je affaire à des champions ?

Pour vous garantir un accueil optimal, vérifiez que votre gynéco ou votre sage-femme est en lien avec la mater' choisie. Pour voir votre projet de naissance respecté (voir p. 42) et être sûre que l'établissement soit en phase avec ce que vous souhaitez vivre le jour de votre accouchement, jetez également un œil au nombre d'accouchements (entre 1000 et 2000, la moyenne est bonne), d'épisiotomies, de péridurales ou de césariennes réalisés. Mais attention à relativiser : une grande maternité de niveau 3 aura toujours plus de césariennes au compteur qu'une petite mater' de niveau 1 !

Que vont-ils faire de mon homme ?

Votre cher et tendre pourra-t-il assister à l'accouchement, aux soins de bébé ? Vos aînés pourront-ils vous rendre visite ? Des questions à ne pas négliger !

Ai-je des goûts de luxe (et envie d'un macaron) ?

Votre confort n'est pas à négliger ! Vous voulez avoir la possibilité d'être seule dans une chambre, de garder bébé avec vous la nuit ? Menez l'enquête ! À repérer : les maternités labellisées « Amies des bébés » qui favorisent le soutien parental et l'allaitement maternel.

Suis-je prête à donner de ma personne ?

Prélevé lors de l'accouchement, le sang de cordon peut traiter des maladies graves comme les leucémies. Un don peut donc sauver une vie… mais ne peut pas être pratiqué dans toutes les maternités ! Renseignez-vous auprès de votre praticien (ou sur www.dondesangdecordon.fr). À votre bon cœur !

Déclarer sa grossesse pour les nulles !

La déclaration de votre grossesse à la CAF et à la CPAM doit être faite impérativement avant 15 SA (3 mois) pour vous permettre d'obtenir le remboursement de vos soins.

La marche à suivre :

— Remplissez le document en 3 volets intitulé « Vous attendez un enfant » que vous a remis votre praticien.
— Envoyez les deux premiers volets à la CAF.
— Adressez enfin le volet rose et les feuilles de soin à la CPAM… Et le tour est joué !

Sage-femme ou gynéco ?
Les questions à leur poser pour un suivi au top !

Saviez-vous qu'au regard de la loi, les sages-femmes et les gynécologues ont les mêmes qualifications pour surveiller une grossesse normale ? Si c'est votre cas, vous êtes donc libre de choisir entre les deux ! Mais pour vous permettre d'établir une relation de confiance, quelques questions à votre futur praticien s'imposent !

Vous êtes tentée de vous faire suivre, en premier lieu, par un gynécologue-obstétricien ?

Demandez-lui :

- Dans quel établissement (public ou privé) il vous orientera pour la naissance.
- Si cet établissement travaille en « réseau » avec d'autres maternités pour la prise en charge de certains risques pour votre enfant.
- S'il travaille avec d'autres professionnels qu'il pourra vous recommander (échographiste, anesthésiste, etc.).
- Avec quelle équipe de sages-femmes il travaille pour la préparation à la naissance, l'entretien prénatal précoce (EPP)…
- Sous quel régime conventionnel de Sécurité sociale ses honoraires sont perçus.

Vous êtes tentée de vous faire suivre avant tout par une sage-femme ?

Demandez-lui :

- À quel médecin spécialiste elle réfère ses patientes en cas de risque médical.
- Dans quel établissement elle envisage de vous orienter pour la naissance et si celui-ci fonctionne en réseau.

Les deux font la paire !

Vous ne serez pas suivie exclusivement par votre gynéco ou votre sage-femme ! En effet, pour vous proposer une prise en charge globale de la grossesse, les deux métiers sont étroitement imbriqués. Le gynéco prend, par exemple, le relais en cas de pépin médical ; la sage-femme, pour la préparation à l'accouchement !

Et les généralistes dans tout ça ?
Les médecins généralistes sont rares à suivre la grossesse, mais si le vôtre le fait, pourquoi pas ? Veillez toutefois à lui demander s'il a des référents gynéco-obstétriciens et sages-femmes !

Inscription en crèche : le guide de survie

L'inscription en crèche risque de relever d'une véritable course contre la montre. Conseils pour vous retrouver au bon moment dans les starting-blocks !

1. Je ne prends pas de faux départ !

L'ouverture des inscriptions en crèche varie selon les villes (dès le 1er trimestre de grossesse pour certaines, vers 6 ou 7 mois pour d'autres). Votre mot d'ordre : téléphoner au bureau des crèches de votre mairie – ou aux crèches directement – dès que vous vous savez enceinte, afin de vérifier les modalités de préinscription.

2. Je fais un tour de piste

Attelez-vous au repérage des crèches à côté de chez vous ! Rendez-vous sur le site de la CAF (www.mon-enfant.fr) avant de vous familiariser avec le terrain. L'objectif : repérer les deux ou trois établissements que vous mettrez en avant dans vos vœux.

3. Je m'échauffe en préparant mon dossier

En attendant le top départ des préinscriptions, prenez quelques longueurs d'avance en constituant votre dossier. À prévoir :

- les pièces d'identité des deux parents,
- un justificatif de domicile,
- vos 3 derniers bulletins de salaire,
- une attestation de grossesse avec DPA.

Veillez aussi à être précis quant aux horaires et jours de garde demandés.

4. Je prépare la course avec des pros !

Harceler ou non les directrices de crèche, telle est la question ! Si la persévérance peut avoir du bon, elle peut aussi agacer les intéressées ! Avant de prendre toute initiative, interrogez les autres mamans. Les conseils de ces grandes gagnantes seront toujours bons à prendre !

5. Je prévois d'arriver en bas du podium

En bout de course, rien ne garantit que votre enfant bénéficie d'une place. Prévoyez donc une solution de repli. Les pistes : l'assistante maternelle, la garde partagée ou les crèches d'entreprise ! À savoir : même si votre société ne jouit pas d'un centre d'accueil, elle peut faire appel à un réseau de crèches. Parlez-en avec vos collègues des ressources humaines !

Notre vie à deux…
en attendant d'être trois !

Le 1er trimestre de grossesse, c'est le moment de « digérer » et d'annoncer la grande et merveilleuse nouvelle. Votre programme (chargé) de ces premières semaines : soutenir le futur papa, conserver une vie de couple au top et surprendre votre entourage !

Comment annoncer votre grossesse de manière vraiment inoubliable ?

Ça y est ! Votre 3e mois de grossesse est presque révolu. Vous allez (enfin) pouvoir révéler la grande nouvelle à votre entourage. Comment faire de votre annonce de grossesse un moment d'émotion qui corresponde vraiment à votre couple ? Répondez à ces quelques questions en amoureux !

Ce soir, c'est soirée télé à deux. Votre programme de prédilection…

- □ Top Chef !
- ○ Les dernières séries que vous avez téléchargées (légalement bien sûr !).
- △ Maison à vendre.

Ce qui vous a immédiatement séduit chez votre homme…

- □ Sa capacité à rire de tout et de rien.
- ○ Son habilité à prendre soin de vous.
- △ Sa débrouillardise.

Ce qui a séduit votre homme chez vous…

- □ Votre générosité.
- ○ Votre curiosité naturelle.
- △ Votre créativité.

Votre plus grand défaut de couple…

- □ Vous restez trop dans votre bulle.
- ○ Vous procrastinez pour profiter du quotidien.
- △ Vous avez tendance à vous disperser.

Votre destination idéale pour des vacances en amoureux…

- ○ New York.
- □ Rome.
- △ Barcelone.

Vous avez surtout profité de la période de conception pour…

- ○ Surfer sur les forums, vous renseigner au maximum sur la grossesse.
- □ Savourer les choses qui vous seraient bientôt interdites.
- △ Faire des petits aménagements dans votre maison.

Votre premier achat pour bébé...

○ Un babyphone.
△ Un kit de tricot.
□ Un Babycook®.

Dans vos rêves, votre enfant deviendra un jour...

△ Un architecte.
○ Un grand reporter.
□ Un chef étoilé.

Vous vous projetez à l'avenir...

△ Dans une vieille demeure retapée par vos soins.
□ Dans une maison assez grande pour accueillir famille ET amis.
○ En ville, proche des musées, des cinémas et des sorties.

Une majorité de □ : *Votre annonce de grossesse sera gourmande !*

Vous êtes un couple d'hédonistes ! Votre credo : profitez des belles choses de la vie, à commencer par un bon repas ! Pour annoncer la grossesse à votre famille, misez donc sur la gourmandise !
À tenter :

- Personnaliser des bonbons (sur www.mymms.fr, entre autres).
- Préparer un gâteau « à message » grâce à un glaçage bien soigné (« future tata »...).
- Offrir un paquet de Café Grand-Mère® à la future mamie.

Une majorité de ○ : *Votre annonce de grossesse sera 2.0 !*

Vous êtes un couple hyper-connecté ! Les séries fraîchement diffusées et le high-tech dernier cri sont vos dadas ! Alors pourquoi ne pas opter pour une annonce de grossesse en ligne (avec vos passions) ?
À tenter :

- Le selfie en famille : au moment de prendre votre prochaine photo de famille, criez : « On va avoir un bébé » au lieu de « Ouistiti » !
- Bébé en PJ : envoyez un email devinette intitulé « Devine qui je suis » en joignant le fichier de votre première échographie.
- Le *time-lapse* : chaque jour prenez une photo de votre petit bidon avant de monter le tout grâce à un logiciel vidéo... À suivre jusqu'à la naissance de bébé !

Une majorité de △ : *Votre annonce de grossesse sera inventive !*

Vous êtes un couple créatif ! Vous aimez faire du neuf avec du vieux et vivre dans un cocon qui vous ressemble à 100 %. Votre annonce de grossesse sera donc forcément ultra-personnalisée et « DIY ! » (*Do It Yourself* ou faite maison).
À tenter :

- Réaliser un bon cadeau valable pour un nouveau membre de la famille (bon pour un futur petit fils...)
- Offrir un arbre généalogique à compléter. Au programme : des branches représentant toute la famille surplombant un espace vide où il faudra intégrer bébé.
- Faire un puzzle à l'effigie du futur bébé ! Imprimez votre première échographie sur une feuille cartonnée avant de la découper et de l'offrir aux principaux intéressés.

Je rêve ou il nous fait une couvade ?

Le futur papa arbore lui aussi un petit ventre rond ? Il fait sûrement une couvade ! Petit programme sur-mesure pour l'aider à se sentir père et à garder la ligne !

La « couvade », quèsaco ?

Ballonnements, troubles du sommeil, anxiété, prise de poids… Pendant la grossesse de leur compagne, certains hommes ressentent ce qui pourrait s'apparenter à des symptômes de grossesse. C'est la couvade. Fréquente et heureusement passagère, elle serait pour eux une manière inconsciente de participer à la grossesse et de traduire leurs angoisses.

Votre homme prend du poids : mettez-le au régime !

Votre homme gonfle à vue d'œil ? Faites-lui adopter votre régime de future maman ! Au programme : une alimentation riche en fibres, fruits et légumes frais. Préparez-lui également sa grande bouteille d'eau chaque matin, à boire dans la journée.
Bannissez enfin du frigo fromages à pâte molle et charcuteries ! Comme ils vous sont interdits, c'est l'occasion pour le futur papa d'éviter de grossir ET de participer à vos efforts !

Votre homme est anxieux : investissez-le d'une mission !

Pour l'aider à prendre ses marques, déléguez-lui les préparatifs de la naissance. Peindre la chambre de bébé, dénicher la meilleure poussette… seront autant de missions qui permettront au papa de s'investir tout en brûlant des calories ! N'hésitez pas aussi à bien communiquer avec lui et à le rassurer sur sa capacité à assumer ses responsabilités. À noter : votre sage-femme est aussi là pour l'écouter ! Encouragez votre compagnon à assister à l'entretien prénatal précoce !

Votre homme dort mal, est stressé : défoulez-vous ensemble !

S'il vous est conseillé de garder une activité physique modérée tout au long de votre grossesse, un peu de sport ne peut pas faire de mal à un futur papa stressé (et l'aider à garder la ligne). D'autant plus que de nombreuses activités autorisées aux futures mamans peuvent se faire en amoureux ! Votre programme hebdomadaire : 3 séances de 30 minutes de natation ou de marche.

Couple : 5 conseils pour garder une libido au top

La libido n'est pas toujours au rendez-vous pendant le 1er trimestre de grossesse. Pour conserver l'envie de vous faire plaisir, faites le point selon vos sensations du moment.

1. Vous appréhendez (la fausse couche)

- **La situation :** certains futurs parents hésitent à faire l'amour notamment par crainte de la fausse couche. Pourtant, le corps médical est unanime : si la grossesse se déroule bien, aucun risque ! Ne vous privez pas !
- **La solution :** détendez-vous. Si vos inquiétudes persistent ou que vous avez des saignements répétés, n'hésitez pas à faire le point avec votre praticien.

2. Vous avez mal (aux seins)

- **La situation :** sous l'effet du bouleversement hormonal, les seins sont parfois lourds et douloureux. Résultat : la sexualité se complique !
- **La solution :** explorez de nouvelles positions comme « la courtisane » (assise au bord du lit, le futur papa à genoux devant vous) ou « la fleur éclatée » (allongée sur le dos, genoux vers vous). Plaisir assuré et seins épargnés !

3. Vous tremblez (face à la pénétration)

- **La situation :** pendant la grossesse, l'afflux de sang modifie les parois vaginales. Certaines femmes ressentent alors des douleurs au moment de la pénétration. Autre petit aléa : la sécheresse vaginale… Aïe !
- **La solution :** investissez dans un bon lubrifiant à base d'eau. Et abusez des préliminaires !

4. Vous êtes épuisée

- **La situation :** entre les nausées et la fatigue du 1er trimestre, la libido passe souvent au second plan…
- **La solution :** oubliez les câlins du matin et abusez des siestes crapuleuses !

5. Vous n'avez aucun désir (ou presque)

- **La situation :** assimiler qu'on va avoir un bébé, c'est beau, mais parfois long ! Résultat : on se focalise sur soi. Pour la libido, on repassera !
- **La solution :** la perte de désir au 1er trimestre est fréquente. Votre mot d'ordre : patienter ! Votre *sexdrive* reviendra quand vous serez prête.

CHAPITRE 2

2E TRIMESTRE

C'EST LE MOMENT D'EN PROFITER !

Le 2e trimestre de grossesse est celui de l'apaisement ! Après la fatigue et les premières appréhensions, les petits maux et les risques inhérents au 1er trimestre s'estompent ! Il est temps de profiter pleinement de quelques semaines beaucoup plus zen… et bien méritées !

C'est donc le moment rêvé pour prendre soin de vous et vous retrouver à deux. Cela tombe bien, votre libido devrait à nouveau être au top ! Si vous en avez l'occasion, prenez aussi le temps de vous offrir de petites (ou grandes) vacances en amoureux ! Votre objectif : faire le plein d'amour et d'énergie avant l'arrivée de bébé !

Mais si l'heure est à la détente et à la volupté, il faudra aussi veiller à répondre présente aux grands rendez-vous de ce 2e trimestre. Votre suivi médical est ainsi plus que jamais d'actualité et vous allez pouvoir commencer à vous préparer un peu plus concrètement pour le jour J en choisissant votre préparation à l'accouchement et en commençant à réfléchir à votre projet de naissance… Tout un programme !

Dernier point à ne pas négliger : votre santé et surtout votre prise de poids ! Avec la fin annoncée des nausées, vous aurez sûrement un bien meilleur coup de fourchette. Faites donc attention à conserver les bonnes habitudes prises lors du 1er trimestre, tout en vous faisant plaisir, évidemment !

Qu'est-ce qui se passe dans mon corps ?

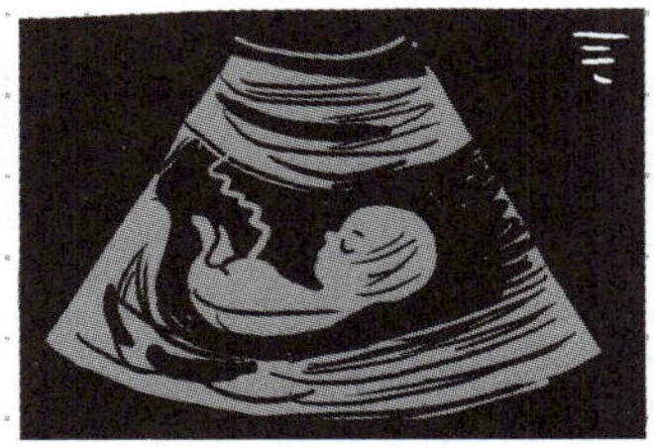

En ce 2e trimestre, vous allez expérimenter toute une palette de sensations nouvelles. Un véritable bonheur à vivre à deux qui ne doit pas vous faire oublier de garder un œil sur votre assiette !

Bébé, à quoi ressembles-tu ?

Le 2e trimestre marque un tournant dans votre grossesse. En grandissant, votre bébé est désormais prêt à interagir avec vous in utero ! C'est le moment de nouer avec lui des premiers liens très précieux…

4e mois de grossesse : parlez-lui, il vous entend !

Le fœtus continue sa croissance et a déjà tout d'un grand (ou presque) : un visage bien façonné, des yeux qui se dessinent… Et il fait même pipi dans le liquide amniotique ! Son cerveau est structuré et, dès la 17e semaine de grossesse (19 SA), il vous entend ! N'hésitez pas à l'abreuver de douces paroles. En un mois, bébé double son poids passant de 110 à 200 g environ. Il grandit aussi de quelque 6 cm pour atteindre 19 cm.

5e mois de grossesse : un vrai petit champion !

Le 5e mois de grossesse est souvent magique ! C'est au cours de ces quelques semaines que vous sentirez pleinement les mouvements du fœtus. Les autres petites révolutions du moment : vers la 22e semaine de grossesse (24 SA), bébé bâille, joue avec ses pieds et peut même sucer son pouce. Côté mensurations (parfaites évidemment), son poids et sa taille passent de 250 g et 20 cm à 500 g et 26 cm.

6e mois de grossesse : il ouvre les yeux !

Les interactions avec bébé se multiplient. Il continue à bouger beaucoup et est même réactif au bruit grâce à son nerf auditif désormais fonctionnel. En vrai petit sportif, il peut faire jusqu'à 60 mouvements en une demi-heure. Mais il a également besoin de récupérer : il dort entre 18 et 20 heures par jour. Ses yeux s'ouvrent et il découvre le toucher. En 4 semaines, son poids et sa taille se développent, de 600 g et 28 cm environ à 900 g et 31 cm.

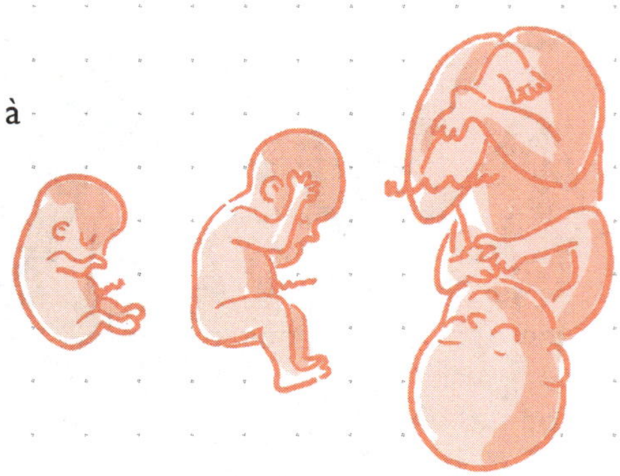

Non aux régimes !

Avec la fin des nausées et des gros coups de fatigue, le 2e trimestre de grossesse annonce de plus jolies perspectives… Mais si votre appétit revient, pas question de vous laisser aller. Quelques conseils ciblés pour limiter votre prise de poids.

Comment gérer son poids pendant la grossesse ?
L'avis de l'expert, Dr Gilles Dauptain, gynécologue-obstétricien

On tolère une prise de 9 à 12 kilos, selon la taille et le poids initiaux de la future maman, en comptant en moyenne un kilo par mois. Mais il ne faut pas rester l'œil rivé sur la balance !

– Fragmentez vos 2 200 kcal quotidiennes en 5 petits repas au lieu de 3 grosses rations, comme vous le faisiez pour éviter les nausées.
– Enfin, privilégiez les protides et les aliments qui peuvent vous apporter de la vitamine D et du fer (sardines, maquereaux, noisettes, épinards…).

Si je prends trop de poids, que faire ?

En cas de prise de poids trop importante, qui peut être notamment le signe d'un diabète gestationnel, votre praticien pourra vous adresser à un diététicien. Ne cédez jamais au dernier régime à la mode ! Il faut, avant tout, penser à la santé de votre bébé.

Et si je fais un diabète gestationnel ?

Comme presque toutes les femmes enceintes, vous passerez au cours de ce 2e trimestre un test d'hyperglycémie provoquée (voir p. 41).

- Si votre glycémie est normale, il vous suffira de continuer à favoriser les protéines et les laitages, et à éviter les aliments trop gras et trop sucrés.
- Si un diabète gestationnel est diagnostiqué, votre praticien vous demandera d'étudier votre glycémie 6 fois par jour, avant et après les repas, pour vérifier votre taux de sucre. Un régime plus strict vous sera conseillé. Au programme : 1 800 kcal et 180 g de glucides répartis sur 5 repas. Sans oublier évidemment de pratiquer une activité physique régulière ! Même si cela paraît contraignant, ne vous inquiétez pas : vous allez gérer comme une pro !

Je prends soin de notre santé !

Pour rester au top pendant ce 2e trimestre, continuez à bien surveiller votre alimentation, prenez soin de votre santé et apprenez à comprendre (un peu mieux) votre futur bébé ! Plus facile à dire qu'à faire ? Vous allez voir, c'est presque un jeu d'enfant !

Mon alimentation santé (et plaisir) !

Vous avez déjà accumulé quelques bons kilos ou présentez un risque de diabète gestationnel ? Au cours de ce 2e trimestre, il est important de continuer à vous faire plaisir tout en limitant votre prise de poids.

Décryptage de mes aliments préférés : alors, j'arrête, je rationne ou je me fais plaisir ?

Le pain, les pâtes, le riz ? Je me fais plaisir !

Contrairement aux idées reçues, le pain et les pâtes ne sont pas à éliminer. Plutôt raisonnables côté calories (180 kcal pour 160 g de pâtes ou de riz), ces glucides libèrent leur énergie lentement, vous permettant d'avoir une sensation de satiété prolongée. À manger dans des proportions raisonnables (l'équivalent de 4 à 5 cuillères à soupe), évidemment !

Les yaourts et laitages ? Je me fais plaisir !

Les yaourts sont particulièrement conseillés pour leur apport en calcium. Veillez donc à vous offrir un laitage à chaque en-cas. Optez pour des yaourts nature à base de lait écrémé ou demi-écrémé ou du fromage blanc à 20 % de matières grasses. Par contre, dites au revoir aux crèmes desserts !

Les fromages ? Je rationne !

L'essentiel est de ne pas en abuser ! Éliminez les fromages frais (listériose oblige !) et privilégiez les fromages pasteurisés faibles en calories (type Kiri®, St Môret® ou Petit Billy®).

Les petits plaisirs (chocolat, petits gâteaux…) ? J'arrête !

Avec un indice glycémique très élevé, le chocolat et les autres douceurs sont malheureusement déconseillés, particulièrement en cas de diabète gestationnel.

Le beurre ? Je rationne !

Riche en vitamine A, le beurre a sa place dans votre alimentation de future maman... À condition d'avoir la main légère. La bonne quantité : une noisette sur le pain du petit déjeuner !

Les fruits ? Je rationne !

Les fruits ont beau être riches en vitamines, ils le sont également en sucre. Votre objectif : deux ou trois fruits peu sucrés (fraises, groseilles, pamplemousse, melon) par jour. Et remisez fruits confits et confitures au placard !

La viande et les poissons ? Je me fais plaisir !

Si vous avez pris trop de poids ou avez déclaré un diabète gestationnel, votre praticien vous conseillera sûrement d'adopter un régime plus protéiné. Au programme : des viandes blanches (toujours bien cuites) ou deux œufs ou un poisson au choix (environ 120 g).

L'apéro ? J'arrête !

Vous aviez déjà mis le holà sur l'alcool, il est temps de résister aux cacahuètes, noix et chips, extrêmement caloriques. Un exemple : 50 g de chips représentent à eux seuls 210 kcal, soit l'équivalent d'un morceau de poulet et d'un yaourt nature, sans leurs bienfaits nutritionnels...

Recettes à savourer à deux... sans se priver !

Le roulé de poulet aux épinards

Tartinez deux escalopes de poulet bien plates de fromage frais (à l'ail ou à l'échalote pour plus de goût).
Recouvrez-les d'une fine couche d'épinards frais et assaisonnez.
Roulez les escalopes et maintenez-les à l'aide d'un cure-dent.
Faites cuire 20 min au four (200 °C) avec une cuillère de matière grasse.
Servez avec une salade d'épinards frais ou du riz.

L'île flottante aux fruits rouges

Mixez 125 g de fraises, quelques groseilles, 5 cl d'eau et un jus de citron jusqu'à l'obtention d'un coulis.
Battez le blanc d'œuf en neige. À l'aide d'une cuillère, réalisez des quenelles à déposer dans l'eau bouillante pendant une minute.
Retirez à l'aide d'un égouttoir, placez-les sur du papier absorbant, puis disposez les blancs pochés sur le coulis. Le tour est joué !

Bébé bouge : un peu, beaucoup, passionnément !

Mais non, vous ne rêvez pas… C'est bien votre bébé qui gesticule comme ça dans votre bidon ! Mais savez-vous ce qu'il manigance exactement ?

Bébé bouge dès le 1er trimestre de grossesse Vrai ☐ Faux ☐

➾ Dès 8 SA environ, date à laquelle le développement de la poche amniotique lui laisse sa liberté autour du cordon, le fœtus commence à gesticuler, même si vous ne le sentez pas encore ! Ces mouvements sont importants : ils lui permettent de former ses articulations.

Vous ne sentirez bébé bouger qu'au 4e mois Vrai ☐ Faux ☐

➾ Tout dépend de vous ! Lors d'une première grossesse, on sent généralement bébé bouger vers 18 SA (un peu avant 4 mois). Si vous avez déjà eu un enfant, vous sentirez bébé bouger vers… 3 mois et 1 semaine (plus ou moins 7 jours) !

Bébé atteindra son « pic » de mouvements in utero vers 7 mois Vrai ☐ Faux ☐

➾ Le fœtus est le plus mobile lors du 4e mois. Encore petit, il profite d'une grande quantité de liquide amniotique et est libre de ses mouvements. Ensuite, le volume de liquide diminue et bébé grossit, ses mouvements s'amenuisent naturellement.

Si vous ne sentez plus bébé bouger, il faut tout de suite vous inquiéter Vrai ☐ Faux ☐

➾ Comme vous, le fœtus a besoin de repos, si ce n'est que son rythme veille/sommeil est de vingt minutes. Résultat : si vous ne sentez plus bébé bouger, il est peut-être en train de dormir ! Par contre, en cas d'absence prolongée de mouvements, discutez-en avec votre praticien.

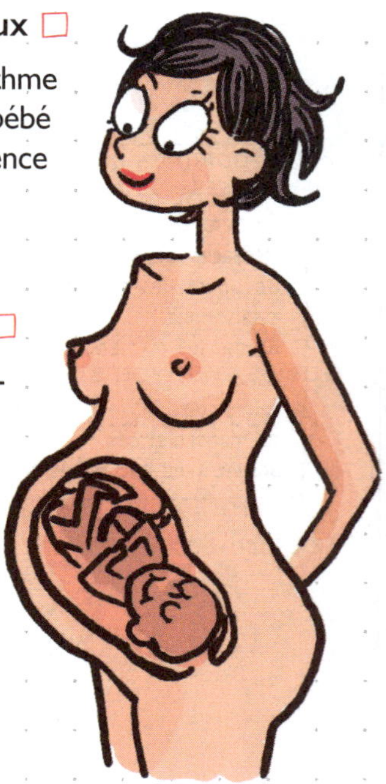

Si vous allez en boîte de nuit, bébé dansera aussi ! Vrai ☐ Faux ☐

➾ L'environnement maternel peut induire des mouvements différents chez bébé. La musique très forte peut ainsi le gêner… et il vous le fera savoir !

Au coucher, vous sentirez davantage bébé bouger Vrai ☐ Faux ☐

➾ À l'heure du coucher, votre corps se rappelle à vous et, au calme, vous êtes plus réceptive à toutes les sensations, dont les joutes nocturnes de votre bébé !

Aïe, j'ai mal !

Certes, il y a les petits maux… Mais la grossesse ne vous empêche pas non plus de ressentir certaines gênes propres à tout un chacun. Le hic : vous n'avez souvent plus le droit de recourir aux petits remèdes d'appoint auxquels vous faisiez appel jusque-là. Alors, que faire si vous avez mal à la tête ou à la gorge ? Apprenez comment soigner vos petits inconforts !

J'ai le nez qui coule

Le problème : au-delà des infections virales qu'on connaît tous, les femmes enceintes souffrent souvent d'hypersécrétion nasale, voire de saignements. En cause : une muqueuse du nez épaissie.

Qu'est-ce que je peux faire ? Pas grand-chose, car les médicaments pour soigner le rhume contiennent souvent des vasoconstricteurs, interdits pendant la grossesse. Remplacez-les par du sérum physiologique.

Quand consulter ? Si les rhinites ou les saignements deviennent gênants, n'hésitez pas à prendre rendez-vous chez votre médecin traitant !

J'ai mal à la tête

Le problème : fatigue, migraine… Les maux de tête, on connaît, sauf que pendant la grossesse, ils ne sont pas à prendre à la légère !

Qu'est-ce que je peux faire ? Prendre du paracétamol, et c'est tout ! Bonne nouvelle toutefois pour les futures mamans migraineuses : les antimigraineux ne sont généralement pas contre-indiqués en cas de grossesse… mais pas tous ! Vérifiez toujours la notice et faites le point avec votre sage-femme ou votre gynéco avant tout traitement.

Quand consulter ? Si les maux de tête ne passent pas, sont accompagnés de bourdonnement d'oreilles et/ou d'étoiles devant les yeux, il faut faire un bilan rapidement ! Votre praticien mesurera votre tension et la présence de protéines dans vos urines pour écarter tout risque de pré-éclampsie.

J'ai mal aux dents

Le problème : durant la grossesse, le métabolisme du calcium se modifie. En effet, c'est le fœtus qui va « absorber » la plus grande partie du calcium, laissant sa maman avec des dents plus fragiles… et des caries !

Qu'est-ce que je peux faire ? Prendre du paracétamol en attendant le rendez-vous (impératif) chez le dentiste !

Quand consulter ? Dès que possible ! Il n'y a aucune contre-indication aux soins dentaires pendant la grossesse, ni même à l'anesthésie locale ! Veillez à faire deux « bilans » chez le dentiste : le premier au tout début de votre grossesse, le second vers 5 mois. Mieux vaut prévenir que guérir !

J'ai mal aux yeux

Le problème : pendant la grossesse, la sécheresse oculaire est fréquente sous l'effet de l'imprégnation hormonale. La courbure de la cornée peut également être modifiée. Résultat : les lentilles de contact deviennent difficiles à porter et la vue peut même baisser !

Qu'est-ce que je peux faire ? Procurez-vous des substituts de larmes (en pharmacie)… et remettez vos bonnes vieilles lunettes !

Quand consulter ? Si la gêne vous semble difficile à gérer, tentez l'ophtalmo. Sachez toutefois qu'il suffit d'avoir un peu de patience : la cornée reprend normalement sa morphologie après l'accouchement !

J'ai mal à la gorge

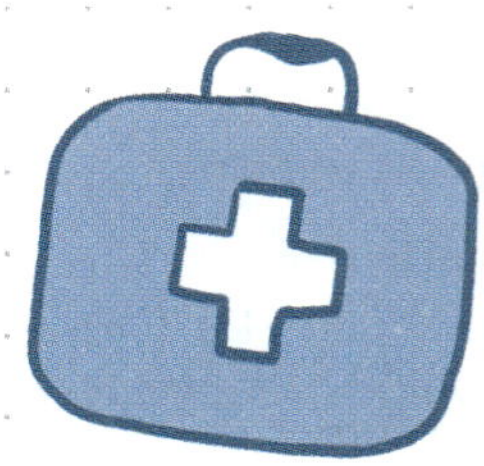

Le problème : déjà avant de tomber enceinte, vous avez eu l'occasion de subir (et maudire) les pharyngites, laryngites et angines. Ce n'est pas avec la fatigue et vos défenses immunitaires en berne que cela va s'arranger !

Qu'est-ce que je peux faire ? Mieux vaut éviter les antiseptiques locaux (pastilles à sucer). Préférez-leur une infusion de miel et de citron ainsi qu'une bonne vieille écharpe. En cas de fièvre, ou si les douleurs ne passent pas avec la chaleur, optez pour le paracétamol.

Quand consulter ? Si votre mal de gorge persiste plus de deux ou trois jours et qu'il s'accompagne de fièvre, direction le cabinet du médecin. Celui-ci pourra notamment vous prescrire des antibiotiques adaptés si vous souffrez d'une angine d'origine bactérienne.

Adieu mes petits maux !

Au 2e trimestre de grossesse, de nouveaux petits maux peuvent faire leur apparition. Pas de panique, il existe des solutions toutes simples pour rester belle (voire le devenir encore plus) et zen !

S.O.S. peau en détresse

Si certaines futures mamans gardent une mine rayonnante tout au long de la grossesse, pour d'autres, la peau est mise à rude épreuve, a fortiori durant le 2e trimestre. Votre credo : à chaque situation, sa solution !

Pffff, j'ai de l'acné !

Mais pourquoi ? Pendant la grossesse, les hormones, et en l'occurrence la progestérone, augmentent l'activité sébacée de la peau. Résultat : on brille et on voit apparaître des petits (ou gros) boutons.

Que faire ? En premier lieu, faites très attention ! Certains traitements sur prescription, type Roaccutane®, sont formellement interdits pendant la grossesse. Pas d'automédication ! Veillez ensuite à changer vos rituels beauté : adieu le démaquillant trop riche, bonjour l'eau micellaire, couplée à une crème légère non comédogène à base de zinc. Enfin, privilégiez une alimentation riche en zinc, vitamines B5 et B6. Au menu : œufs cuits, morue (si, si !), champignons, chou-fleur, maïs, amandes, noisettes et viande de bœuf !

Je commence à avoir des taches brunes sur le visage !

Mais pourquoi ? Sous l'effet conjugué du soleil et des hormones, la peau produit plus de mélanine. Résultat : des taches brunes ou grises apparaissent sur le menton, les joues ou autour de la bouche. C'est le fameux masque de grossesse ou « chloasma ».

Que faire ? Commencez par éviter soigneusement de faire bronzette et badigeonnez-vous de crème solaire haute protection toutes les deux heures (minimum), même si vous ne vous exposez pas de manière prolongée. Faites aussi le plein quotidien de vitamine C (oranges, kiwis) qui freinerait l'apparition des taches.

J'ai la peau sèche, très sèche !

Mais pourquoi ? Ce sont encore ces maudites hormones ! Pendant la grossesse, l'eau tend à être absorbée par les couches profondes de la peau. Résultat : l'épiderme est plus sec et tiraille dans tous les sens.

Que faire ? Votre mot d'ordre : boire beaucoup ! Un litre et demi par jour minimum ! Privilégiez un démaquillant (lait ou huile) qui ne se rince pas à l'eau, adoptez un soin nourrissant ET hydratant… Si vous n'êtes pas sujette aux allergies, tentez les huiles végétales de jojoba ou d'amande douce.

C'est quoi cette ligne brune sur mon bidon ?

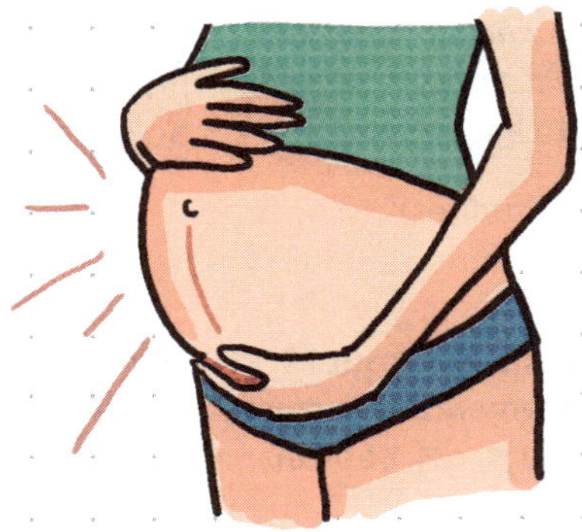

Mais pourquoi ? À l'instar du masque de grossesse, la ligne brune qui apparaît parfois sous le nombril des futures mamans est due à l'imprégnation hormonale.

Que faire ? Pas grand-chose, si ce n'est de vous protéger soigneusement du soleil ! Après l'accouchement, la ligne brune s'accentuera un peu avant de disparaître naturellement.

J'ai plus de grains de beauté qu'avant

Mais pourquoi ? Sous l'effet des hormones, certains grains de beauté déjà existants peuvent devenir plus foncés, quand d'autres peuvent apparaître.

Que faire ? Adoptez le même réflexe qu'à votre habitude : évitez de les gratter, et montrez-les à un dermatologue s'ils ont un aspect irrégulier.

Bien choisir ses cosmétiques pendant la grossesse

Depuis plusieurs années, l'industrie cosmétique est montrée du doigt. En cause : certains conservateurs, filtres solaires ou parfums qui contiendraient des substances toxiques (phénoxyéthanol, parabènes, etc.).

Veillez donc à :

– privilégier les cosmétiques labellisés (bio, Ecocert, Nature et Progrès),
– avoir la main légère sur le parfum et le vernis à ongles,
– acheter une protection solaire à filtre minérale,
– préférer les pains de savon (à base végétale bio) aux gels douche,
– investir dans du maquillage à base de pigments naturels.

Pour plus de conseils : www.projetnesting.fr

Cosméto maison : faites la peau aux vergetures !

Depuis quelques temps, elles ont fait une apparition insidieuse sur votre ventre… Ça y est, les vergetures sont là ! Pour limiter l'invasion, faites la guerre à ces fissures cutanées avec deux armes simples : une bonne crème et une alimentation bien choisie !

Les vergetures : quèsaco ?

Près de trois futures mamans sur quatre voient apparaître, à partir du 4e mois de grossesse, de petites stries violacées sur des zones ciblées (ventre, fesses, cuisses, seins). Ce sont les vergetures ! Disgracieuses, ces (maudites) fissures sont dues à la fois à la prise de poids et au bouleversement hormonal, qui mènent la peau à perdre en élasticité. Pour limiter les dégâts, l'hydratation s'impose.

La recette (presque) miraculeuse antivergetures

Les ingrédients : 50 ml d'huile d'amande douce bio et 50 ml de gel pur d'aloe vera en tube.

Après avoir stérilisé vos ustensiles, placez le gel d'aloe vera dans un bol et incorporez progressivement l'huile d'amande douce en mélangeant le tout au fouet. Conservez votre crème dans un flacon pompe pendant deux mois maximum.

L'application qui change tout

Pour bien assouplir la peau, appliquez votre crème (ou huile) antivergetures deux fois par jour (au moins). Le bon geste : massez toujours par petits mouvements circulaires en commençant par l'intérieur de la zone ciblée et en élargissant vers l'extérieur.

Le petit + : une alimentation antivergetures

Pour améliorer l'élasticité de la peau et en favoriser la cicatrisation, misez sur une alimentation riche en vitamines E et A. Vos produits stars : le beurre, les épinards, le chou, les oléagineux (noix, noisettes, amandes), les œufs cuits, les fruits et les légumes colorés (carottes, abricots, mangues).

Lutter ou pas contre les vergetures ?

L'avis de l'expert, Dr Gilles Dauptain, gynécologue-obstétricien

Les vergetures très apparentes et violettes en cours de grossesse pâlissent et s'atténuent après la naissance, souvent aidées par le premier bronzage ! Courage, il n'y a plus qu'à patienter !

Je m'organise !

En ce 2e trimestre, les grands rendez-vous se multiplient. Entre vos check-up mensuels chez le praticien et l'entretien prénatal précoce (EPP), il va falloir être assidue ! À vos agendas, prête, partez !

Je n'oublie pas mes rendez-vous médicaux !

Côté rendez-vous, ces prochaines semaines vont être chargées… Pas de problème, voilà un petit récapitulatif pour vous organiser sans stresser !

DATE	EXAMEN	POURQUOI ?	À PRÉVOIR	VOTRE DATE DE RENDEZ-VOUS
Au cours du 4e mois	L'entretien prénatal précoce (EPP)	Conduit par une sage-femme, cet entretien vise à vous aider à mieux vivre votre grossesse et à préparer la naissance. Au programme : un échange autour de vos attentes, vos conditions de vie… Et des conseils pour choisir votre préparation à la naissance et à la parentalité.	Notez toutes vos questions, même les plus anodines. Inscrivez-vous à votre préparation à la naissance.	
16 SA	La consultation du 4e mois	Votre gynécologue ou sage-femme fait le point sur : – votre prise de poids, – votre tension artérielle, – la mesure de la hauteur utérine (HU), – les résultats de vos premiers examens. Il/elle écoute aussi le cœur de bébé et réalise, au besoin, un toucher vaginal.	Préparez un dossier contenant les résultats d'examens réalisés jusque-là. Prenez rendez-vous pour votre consultation du 5e mois.	
	Bilan biologique	Comme tous les mois, une recherche d'albumine dans les urines est faite, ainsi qu'un dépistage d'infections urinaires, si nécessaire. Vous serez peut-être amenée aussi à faire : – une sérologie de la rubéole et de la toxoplasmose, – un dosage des agglutinines anti-Rh en cas de risque d'incompatibilité Rhésus.		

Entre 14 et 17 SA	Dosage des marqueurs sériques	S'il l'estime nécessaire et si cet examen n'a pas déjà été fait par dépistage « combiné », votre praticien peut vous prescrire cette prise de sang pour dépister la trisomie 21.		
Entre 16 et 18 SA	L'amniocentèse	Si nécessaire et si vous y consentez, votre praticien vous adressera à un centre spécialisé où sera réalisé un prélèvement du liquide amniotique dans le cadre du dépistage de la trisomie 21.	Armez-vous de patience : les premiers résultats sont connus sous 48 heures, le bilan final sous 10 jours.	
Entre 21 et 24 SA 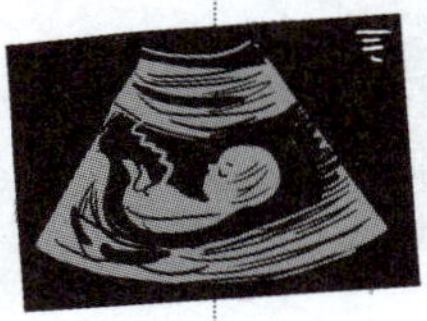	L'échographie morphologique	L'échographiste vérifie la croissance, la morphologie de bébé, la quantité de liquide amniotique… et vous annonce peut-être son sexe !	Buvez de l'eau, mais évitez de vous enduire de crème avant l'examen. Ne vous inquiétez pas s'il vous faut reprendre rendez-vous : bébé peut être mal positionné !	
Entre 20 et 24 SA	La consultation du 5e mois	Le déroulement de ce rendez-vous se rapproche de celui du 4e mois (vérification de la tension, mesure de la hauteur utérine…).	Prenez votre rendez-vous du 6e mois et un autre chez le dentiste. N'oubliez pas vos échos !	
	Bilan biologique	Une recherche d'albumine dans les urines est menée tout comme, si vous êtes concernée : – une sérologie de la toxoplasmose, – et une recherche d'agglutinines irrégulières.		
Au cours du 5e mois	Le dentiste	Examen, détartrage, caries : un passage chez votre dentiste est indispensable !		
Au cours du 6e mois	La consultation du 6e mois	Vous commencez à vous y habituer ! La consultation du 6e mois se déroule de la même manière que les précédentes.	Prenez votre rendez-vous du 7e mois.	
Entre 25 et 28 SA	Bilan biologique	En plus du bilan habituel, votre praticien peut recommander : – une sérologie des hépatites B et C, – une numération formule sanguine (NFS) pour écarter une anémie.		
	Dépistage du diabète gestationnel	Recommandé, le test d'hyperglycémie provoquée se divise en : – une première prise de sang réalisée à jeun, – l'absorption de 75 g de glucose, – deux autres prises de sang (une et deux heures plus tard).	Ce test est peu agréable. Reposez-vous bien la veille !	

Je réfléchis à mon projet de naissance !

Pour être sûre que la venue au monde de votre enfant corresponde autant que possible à vos envies, commencez à penser dès aujourd'hui à votre projet de naissance !

L'entretien qui change tout : l'EPP !

Au cours de votre 4e mois de grossesse, vous aurez la possibilité de réaliser l'entretien prénatal précoce (EPP) avec votre sage-femme. S'il n'est pas obligatoire, il est pourtant primordial. Son objectif : vous permettre de vous approprier la naissance et non la subir. C'est à cette occasion que vous définirez avec votre sage-femme votre parcours de grossesse en fonction de votre histoire, de vos envies et de vos possibilités. De cette discussion naîtront les premières pistes de votre projet de naissance.

Un bon projet de naissance, c'est quoi ?

Le projet de naissance a vocation à mettre à plat tout ce que vous désirez, ou non, pour votre accouchement (et après). Pour être couronné de succès, il doit surtout être :

- réalisé à trois avec le futur papa et votre sage-femme,
- le fruit de plusieurs mois de réflexion (donc à ne pas faire au dernier moment !),
- en phase avec le déroulement de votre grossesse ET l'établissement où vous avez choisi d'accoucher.

Quelle forme doit prendre le projet de naissance ?

Il peut être réalisé par écrit et validé avant l'accouchement par l'équipe médicale ou avoir été formulé à l'oral. Le futur papa et la sage-femme seront alors garants, le jour J, de son respect.

À vous de jouer !

Notez ci-dessous tout ce que vous désirez pour la naissance de votre enfant. À partager et compléter avec votre sage-femme à chacune de vos rencontres.

Quels sont mes projets au cours de ma grossesse ? (Arrêt du tabac, pratique de l'haptonomie…)	....

Comment ai-je envie de donner naissance à mon enfant ? (Naissance aussi physiologique que possible, cadre peu médicalisé et le plus serein possible…)	
Ce que je souhaite pendant le travail (accès à une baignoire de pré-travail, à l'homéopathie, liberté de mouvement, possibilité de boire et manger…). 	
Avec qui ai-je envie d'accoucher ?	
Quelles sont les choses qui, pour moi, sont source d'angoisse ?	
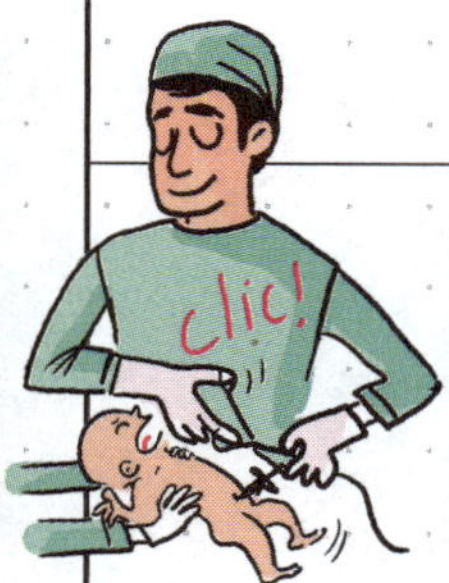 Ce que je souhaite pendant l'accouchement (péridurale ou non, possibilité d'essayer différentes positions pour accoucher, pause du monitoring intermittent, clampage tardif du cordon par le papa…).	
Ce que je ne souhaite pas pendant l'accouchement (accélération du travail, pose de sonde urinaire, touchers vaginaux à répétition…).	
 Ce que je souhaite après l'accouchement (peau à peau privilégié, mise au sein immédiate, toilette reportée pour pouvoir profiter de bébé au maximum…).	

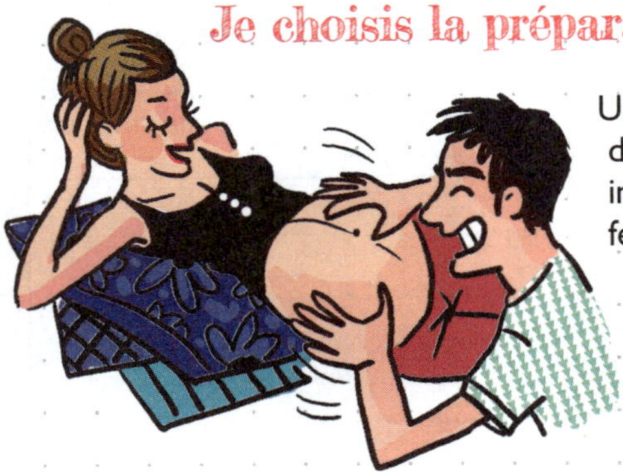

Je choisis la préparation à la naissance qui me convient

Une bonne préparation à la naissance doit vous permettre d'obtenir des conseils sur les suites de l'accouchement, inclure un travail corporel, être pratiquée par une sage-femme et surtout correspondre à vos attentes ! Rien de tel qu'un petit test pour vous aider à faire le tri en fonction de vos priorités. Reste ensuite à trouver les séances disponibles près de chez vous !

Pour ma première grossesse, j'ai besoin d'un panorama complet de la naissance…

– Oui (A)
– Non (B, C, D, E, F, G, H)

Je souhaite que le futur papa participe à la préparation…

– Oui (A, B, E, G)
– Non (C, D, F, H)

Je veux que ma prépa' soit remboursée (au moins en partie) par la Sécu…

– Oui (A, C, G)
– Non (B, D, E, F, H)

Je veux apprendre à adopter les bons gestes après la naissance (allaitement, peau à peau…)…

– Oui (A, C)
– Non (B, D, E, F, G, H)

J'attends que ma préparation m'aide à créer un lien avec mon bébé…

– Oui (B, E)
– Non (A, C, D, F, G, H)

Je rêve qu'elle me permette d'apaiser mes maux de grossesse…

– Oui (A, C, D, F, G, H)
– Non (B, E)

Je désire commencer dès le 3e ou 4e mois…

– Oui (A, B, D, H)
– Non (G, E, F, C)

Je suis sensible aux pratiques énergétiques…

– Oui (C, D, G, H)
– Non (A, B, E, F)

Je veux prolonger mes séances à la maison…

– Oui (B, C, D, E, G, H)
– Non (A, F)

FAITES LES COMPTES !

A	B	C	D	E	F	G	H

Une majorité de A :

Adoptez la préparation classique

La préparation à la naissance classique est idéale si vous êtes enceinte de votre premier bébé. Votre sage-femme vous aidera à comprendre votre corps, vous donnera des conseils pour l'allaitement et les soins de l'enfant. Le futur papa apprendra notamment avec vous les gestes pour soulager vos maux… et la Sécu prend en charge 8 séances !

Une majorité de B : ## Essayez l'haptonomie

En partie remboursée, l'haptonomie vous permet de créer un lien in utero avec bébé. Avec le papa, vous apprenez à stimuler bébé par la voix, la caresse, le toucher et à attendre en retour ses mouvements. Le petit hic : en se centrant sur la relation avec bébé, elle ne vous apprend pas à gérer le quotidien après la naissance.

Une majorité de C : ## Optez pour la sophrologie

La sophrologie vous donne les clés pour vous relaxer et gérer la douleur. Guidée par votre sage-femme, vous atteignez un état de détente accrue. Les séances permettent aussi de parler d'allaitement, de comprendre l'accouchement et elles sont remboursées. Mais le futur papa est peu impliqué.

Une majorité de D :

Choisissez le yoga prénatal

Pour mieux comprendre votre corps et gérer votre souffle, misez sur le yoga ! En vous apprenant à vous concentrer et à trouver les positions qui apaisent, cette pratique vous permet de rester zen et de prendre du recul. Les moins : le papa n'est pas invité, et les séances n'abordent pas la prise en charge de bébé après la naissance.

Une majorité de E : ## Osez le chant prénatal

Grâce au chant, vous créez un premier lien avec bébé, apprenez à souffler, à identifier votre périnée… Un vrai plus pour l'accouchement ! Cependant, même si le futur papa vous accompagne, vous manquerez d'infos sur la naissance. Pensez à faire vos gammes en plus d'une autre approche.

Une majorité de F :

Misez sur la préparation en piscine

Idéale pour saisir les changements physiques induits par la grossesse, cette préparation vous permet d'oublier votre poids, vos soucis de sommeil et autres petits maux… Par contre, elle pêche côté conseils et n'implique pas le papa.

Une majorité de G :

Préférez la méthode Bonapace

En compagnie de votre homme, vous apprenez à « dompter » la douleur en appuyant sur des points d'acupression ou en réalisant des exercices de focalisation. Douce et relaxante mais peu pratiquée en France, cette préparation peut être remboursée.

Une majorité de H : ## Testez l'hypnonatal

Cette méthode permet à la future maman de se plonger dans un état de relaxation profonde, de débloquer ses angoisses et de visualiser le travail. Le futur papa est invité à la première des 4 séances. Prévoyez de vous entraîner à domicile !

Comment annoncer ma grossesse à mon employeur ?

Votre futur bébé a poussé comme un champignon ? Il est temps d'apprendre la grande nouvelle à votre patron ! Reste à connaître la bonne recette pour lui annoncer l'arrivée de votre futur petit chou…

Je choisis le bon moment…

La loi ne vous impose aucun délai pour réaliser cette annonce si ce n'est de prévenir votre patron AVANT le début de votre « congé mater' ». Mais n'attendez pas 6 mois pour lui parler ! Le bon timing : aussi tôt que possible, une fois les trois mois de grossesse révolus.

… et les bonnes conditions !

Prenez rendez-vous au moment où votre boss se montrera calme (avant un long week-end par exemple) et essayez d'éviter les grosses périodes de stress !

Je répète

Préparez en amont les questions que votre employeur pourrait vous poser et prévoyez de lui rappeler que vous prendrez le temps pour vous rendre à vos examens médicaux, comme le prévoit la loi…

Je reste zen !

Il y aura toujours des rabat-joie pour grogner à l'annonce de la grande nouvelle. Ne cherchez pas à vous justifier ! Vous avez le droit de faire un enfant, l'entreprise ne va pas cesser son activité en votre absence !

Je propose mon aide

Au besoin, veillez à faciliter la transition. Un recrutement s'impose ? Vous pouvez faire passer quelques CV ! Il va falloir se réorganiser en interne ? Vous pouvez former votre remplaçant… Après tout, vous restez un élément clé de l'équipe !

La recette du « courrier parfait » à adresser à votre boss !

Pour officialiser votre grossesse, préparez pour votre employeur un courrier à poster sous pli recommandé comportant :

- un zeste d'infos légales avec un rappel de la loi, toujours utile (article L.1225-7 du Code du travail),
- une pincée de bon timing avec la date de début et de fin de votre congé maternité (ainsi que sa durée) et la date prévue de votre accouchement (DPA).

Enfournez le tout dans la boîte aux lettres avec une copie du certificat médical attestant que vous êtes bien enceinte !

Notre vie à deux… en attendant d'être trois !

Même si bébé n'est pas né, vous formez déjà un petit noyau familial. Votre programme de ce 2e trimestre : vous rapprocher de votre futur petit et profiter de vos dernières semaines à deux !

Je communique avec bébé

Bébé a beau être bien au chaud dans votre ventre, il est déjà prêt à échanger avec ses parents ! À vous d'adopter les bons gestes pour le stimuler !

On pratique l'haptonomie !

Pourquoi ? Dans le cadre de cette préparation à la naissance, l'haptothérapeute ou la sage-femme vous enseigne à associer la parole à des caresses et pressions sur le ventre de la maman. Stimulé, le fœtus se déplace et parvient même à différencier la présence de ses deux parents, par la force des pressions. Au fil des séances, une relation se tisse à trois !

Le témoignage de Romina
« Pour moi, l'haptonomie a été un miracle. Le papa s'est senti très impliqué et, à la naissance, la petite s'est calmée dès que mon mari lui a murmuré son prénom. Comme s'ils se connaissaient déjà ! »

Le témoignage d'Amaya
« Mon métier, c'est le chant. Mon bébé y a donc eu droit pendant 9 mois. Au fil des semaines, j'ai senti qu'il bougeait plus sur les notes graves et se calmait sur les vocalises ! Lors de l'accouchement, les sons graves m'ont aussi aidée pour gérer la poussée et la douleur. Un vrai atout ! »

On chante et on lui parle !

Pourquoi ? Si le fœtus ne perçoit les sons qu'à partir du 5e mois, la peau permet avant cela de transmettre les vibrations de la voix à travers le liquide amniotique. À noter : bébé est très sensible aux sons graves !

Le témoignage de Gallianne
« J'ai passé ma grossesse à écouter *le Carnaval des animaux* de Saint-Saëns. Je ne sais pas si mon bébé en garde un souvenir, mais aujourd'hui, il se calme presque toujours en l'entendant ! »

On se fait du bien… en musique !

Pourquoi ? Tout ce qui vous procure un certain bien-être est perçu par votre bébé. Si la musique vous détend, abusez-en !

10 astuces de grand-mère pour connaître le sexe de bébé

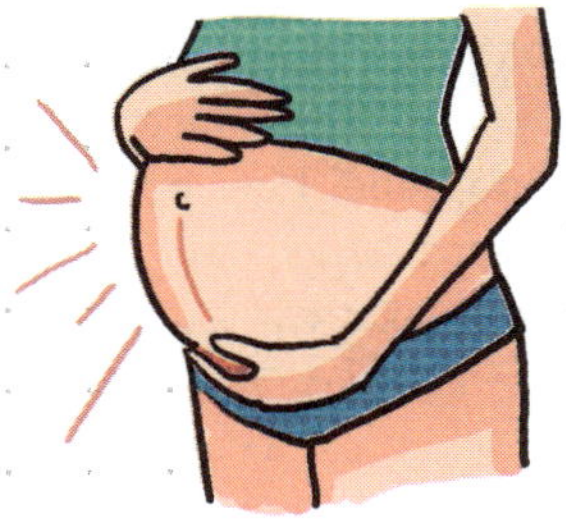

C'est à l'échographie morphologique que l'on vous confirmera (enfin, seulement si vous le désirez !) le sexe de votre bébé. Pour vous détendre en attendant, découvrez 10 méthodes qu'employaient nos grand-mères pour savoir si ce sera une fille ou un garçon. Des pistes absurdes (mais drôles), sans fondement scientifique, que les experts ne cautionnent évidemment pas !

La forme de votre ventre…

- ☐ C'est une fille, s'il est plutôt large et bas.
- ☐ C'est un garçon, s'il est plutôt haut et pointu !

Votre pilosité…

- ☐ C'est une fille, si votre pilosité ne fait pas des siennes !
- ☐ C'est un garçon, si vos poils repoussent vitesse grand V !

Votre peau…

- ☐ C'est une fille, si vous avez des poussées d'acné (oh, joie !).
- ☐ C'est un garçon, si votre peau est sèche.

La couleur de vos mamelons…

- ☐ C'est une fille, si vos mamelons conservent la même couleur !
- ☐ C'est un garçon, s'ils ont une couleur plus foncée !

Vos passages au petit coin…

- ☐ C'est une fille, si vos urines sont foncées.
- ☐ C'est un garçon, si vos pipis sont pâlichons.

Vos fringales…

- ☐ C'est une fille, si vous craquez pour les desserts sucrés et snobez les yaourts !
- ☐ C'est un garçon, si vous rêvez d'en-cas salés et de produits laitiers !

Vos nausées…

- ☐ C'est une fille, si vous avez été malade au long du 1er trimestre !
- ☐ C'est un garçon, si vous y avez échappé !

Les battements du cœur de bébé…

- ☐ C'est une fille, si le rythme cardiaque de votre bébé est supérieur à 140 pulsations par minute.
- ☐ C'est un garçon, si son rythme est en-dessous.

La prise de poids du futur papa…

- ☐ C'est une fille, si votre homme garde la ligne !
- ☐ C'est un garçon, s'il grossit autant que vous !

La lune…

- ☐ C'est une fille, si la conception a eu lieu entre une pleine lune et une lune blanche.
- ☐ C'est un garçon, si vous avez conçu votre enfant entre une lune blanche et une pleine lune.

FAITES LES COMPTES !

Fille	Garçon

Mais n'oubliez pas : ne pas connaître le sexe de bébé, c'est aussi se réserver une merveilleuse surprise !

Et si on s'offrait des vacances ?

Le 2e trimestre est le moment idéal pour faire une petite pause en amoureux avant l'arrivée de bébé. Mais comment voyager et où partir ? Petit guide pour les futures mamans touristes dans l'âme.

Avion, voiture, train : je freine ou j'accélère ?

Peu importe votre destination, votre moyen de transport doit être adapté à votre statut de future maman. Alors, si vous comptez vous déplacer…

En voiture ? Freinez !

Les longs trajets en voiture sont déconseillés pendant la grossesse. En cause : les accélérations et les freinages qui peuvent provoquer des contractions. Vous n'avez pas d'autre solution ? Faites le point au préalable avec votre praticien qui vous prescrira peut-être un antispasmodique, attachez votre ceinture de sécurité au-dessus ou en dessous de votre ventre, briefez votre chauffeur pour qu'il conduise sans à-coups et faites des pauses régulières.

En train ? Accélérez !

Avec des accélérations uniformes et une vitesse stable, le train est le moyen de transport idéal. Empruntez-le les yeux fermés ! Les petites précautions à prendre : privilégiez, si vous le pouvez, le TGV et veillez à bien vous hydrater !

En avion ? Levez le pied !

L'avion ne présente aucun risque sur les courts et moyens courriers, mais quelques règles s'imposent pour les voyages longue distance. Veillez à boire beaucoup, à vous lever toutes les deux heures au moins et à enfiler des collants antivarices avant de partir ! L'objectif : éviter les risques de phlébite !

Votre trousse à pharmacie de future maman

Voici la trousse de secours à prendre avec vous quelle que soit votre destination !

– Une crème solaire sans alcool indice solaire 50 au moins
– Un soin antibrûlures
– Un antispasmodique
– Du paracétamol
– Un antidiarrhéique

À noter : si vous souffrez du mal des transports, faites-vous conseiller par votre praticien. Toutes les molécules ne sont pas adaptées à la grossesse.

À la mer, à la montagne, sous les tropiques : je pars où ?

Vous rêvez de soleil et de sable fin ?

Les bains de mer sont particulièrement conseillés pour les futures mamans qui souffrent de jambes lourdes. Profitez-en ! Votre destination : des eaux tranquilles pour barboter, loin des rouleaux ou des activités nautiques qui peuvent provoquer des chocs.

Les précautions à prendre

Attention au soleil ! Veillez à toujours porter un chapeau à larges bords et à vous badigeonner de crème solaire !
Les baignades en mer peuvent favoriser les mycoses. N'oubliez pas d'emporter votre traitement habituel !

Vous rêvez d'air frais et de pâturages ?

Pas de contre-indications aux séjours à la montagne, à condition de bien vous reposer ! Oubliez les randonnées ou le ski ! Votre objectif : buller !

Les précautions à prendre

Attention aux variations d'altitude, déconseillées aux futures mamans ! Ce n'est pas le moment de faire la fofolle sur les télésièges !
En altitude, le soleil tape plus fort qu'il n'y paraît. N'oubliez donc pas votre chapeau et votre crème solaire préférée.

Vous rêvez d'exotisme ?

Partir au bout du monde quand on est enceinte ? Vu la fatigue occasionnée par le voyage, mieux vaut y réfléchir à deux fois. Toutefois, si vous voulez partir dans un pays tropical à tout prix et que votre grossesse se passe bien, la plupart des vaccins conseillés aux voyageurs ne sont pas contre-indiqués.

Les précautions à prendre

Aspergez-vous régulièrement les jambes et les avant-bras d'un répulsif antimoustique adapté, en évitant le ventre !
Ne consommez que l'eau dont vous êtes sûre, même au moment de vous brosser les dents, et ne partez pas sans vos capsules pour aseptiser l'eau. Enfin, ayez la main lourde sur la crème solaire !

Voyage, vaccin et médicaments : ce qui est autorisé
Les vaccins contre la fièvre jaune, l'hépatite B, la grippe, les méningocoques, la poliomyélite, la rage et le tétanos sont autorisés, tout comme certains traitements anti-paludisme. Demandez conseil à votre sage-femme ou votre gynéco !

Sexe : c'est le moment de vous faire plaisir !

Fini les nausées et les gros coups de fatigue du 1er trimestre ! Ces quelques semaines vont être l'occasion pour vous de retrouver une sensualité au top… À condition de savoir dompter ce petit ventre de plus en plus « encombrant » ! Pour donner un coup de fouet à votre sexualité, découvrez quelques positions tout à fait adaptées à ce stade de la grossesse… à adopter selon votre forme et vos envies !

Vous vous sentez d'attaque pour prendre les choses en main ?

La position d'Andromaque

Comment ça marche ? C'est un grand classique ! Vous venez vous asseoir sur votre homme allongé sur le lit, face à lui.

C'est parfait car… C'est vous qui donnez le tempo, tandis que votre homme peut profiter de vos magnifiques courbes de femme enceinte !

La balançoire

Comment ça marche ? Accroupie sur votre homme allongé, vous lui tournez le dos en appui sur ses jambes ou de part et d'autre, sur le lit.

C'est parfait car… Votre ventre est préservé de tout contact direct. Vous imposez, là encore, votre rythme et surtout vous laissez libre cours au fantasme et à l'imagination. Une position parfaite, si vous avez encore un peu de mal à assumer vos nouvelles rondeurs !

Témoignage d'Elise, 35 ans, deux enfants :
« Côté sexe, ne vous mettez pas la pression ! »
« Chez moi, la sexualité du 2e trimestre, c'était plutôt "électrocardiogramme plat". Je me sentais un peu grosse, encombrée par mon ventre, pas vraiment sexy… Tout a changé à partir du 6e mois : j'étais en congé maternité et donc plus reposée, mais surtout, je me sentais vraiment "très" enceinte, ce qui m'a enlevé bien des complexes physiques. J'ai aussi la chance d'avoir un homme qui aimait bien mon corps de future maman. Résultat : cela a été le moment le plus "hot" de ma grossesse ! Comme quoi, il suffit parfois d'attendre un peu ! »

L'amazone

Comment ça marche ? Vous vous installez sur les genoux de votre homme assis sur une chaise. Puis vous placez vos deux jambes d'un même côté, comme les cavalières d'antan !

C'est parfait car… Non seulement votre ventre ne gêne pas, mais en plus l'amazone permet un très grand moment de complicité et de tendresse en rapprochant vos visages au maximum !

Vous préférez qu'il mène la danse ?

La position de l'enclume

Comment ça marche ? Allongée sur le dos, vous appuyez vos pieds sur les épaules de votre homme, agenouillé devant vous.

C'est parfait car… Vous vous laissez bercer par votre compagnon qui s'occupe de tout, et vous atténuez par la même occasion vos sensations de jambes lourdes en surélevant vos gambettes !

La levrette

Comment ça marche ? Là encore, c'est un grand classique ! Accroupie à 4 pattes, vous laissez votre cher et tendre se placer à genoux derrière vous et vous tenir tendrement par la taille.

C'est parfait car… Vous évitez toute sensation de compression au niveau du ventre ! Si vous fatiguez, n'hésitez pas à vous reposer sur les coudes !

L'union du papillon

Comment ça marche ? Installez-vous sur les genoux de votre homme, assis sur le lit, face à lui. Passez les jambes autour de sa taille et basculez légèrement en arrière pour vous appuyer sur vos mains.

C'est parfait car… Vous profitez entièrement de la vue de votre compagnon, tout en soulageant votre dos et en évitant les contacts prolongés avec votre ventre !

Chapitre 3

3e trimestre

Je me prépare à la naissance

Dernière ligne droite avant de rencontrer enfin votre bébé ! Au cours de ces trois derniers mois, tout s'emballe !

Votre bébé prend de plus en plus de place dans votre ventre et vous commencez à en ressentir les effets : dos qui tire, jambes lourdes… Tandis que de nouveaux petits maux font leur apparition ! Mais, comme tous les aléas de la grossesse que vous avez connus jusque-là, ces inconforts ne sont en rien une fatalité ! Quelques réflexes bien adaptés et un peu de patience vous permettront de retrouver du bien-être et de garder le sourire !

Les rendez-vous médicaux continuent aussi à s'enchaîner, tout comme les petites tâches du quotidien pour préparer l'arrivée de bébé. Pas de panique ! Avec le début de votre congé maternité, vous aurez tout le temps nécessaire pour appréhender ces impératifs sereinement… et (surtout) vous reposer ! Car, en ces dernières semaines, il est essentiel de prendre bien soin de vous pour permettre à votre enfant de continuer sa croissance jusqu'au terme. Rien de tel pour accueillir un poupon en pleine forme !

Fin prête pour le jour J, il ne vous restera alors plus qu'à vous rendre à la maternité, la valise à la main et le futur papa, sûrement à bout de nerfs, à vos côtés. Mais ce sera un jeu d'enfant, vous verrez !

Qu'est-ce qui se passe dans mon corps ?

Votre bébé est désormais (presque) prêt à pointer le bout de son nez… Il est donc essentiel que vous sachiez comment l'accueillir dès ses tout premiers moments de vie, après votre accouchement.

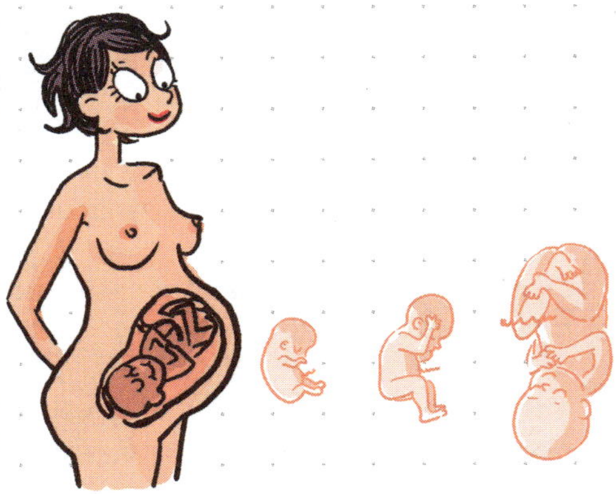

Bébé, à quoi ressembles-tu ?

Le programme de votre bébé au cours des prochaines semaines : continuer à grandir, prendre du poids et développer ses organes… Sans oublier de se mettre en position (tête en bas !) pour la naissance !

7e mois : bébé (se) manifeste

Votre bébé est comme un poisson dans l'eau… Il a encore la place nécessaire pour bouger et réagit aux stimuli. À ce stade, il entend d'ailleurs très bien tous les sons au-delà de 60 décibels et est toujours très sensible à vos caresses. Il développe également son goût en avalant du liquide amniotique et il ouvre même les yeux ! Son poids passe de 1 à 1,5 kg, il grandit de 32 à 38 cm. Ses cheveux et ses ongles poussent !

8e mois : bébé se prépare à sortir

En début de mois, bébé pèse environ 1,7 kg pour 40 cm. Quatre semaines plus tard, il atteint les 2,3 kg et 43 cm. Grand événement de ce 8e mois (chez la plupart des futures mamans) : bébé tourne la tête vers le bas. Ce n'est pas le cas encore pour vous ? Rassurez-vous : si les bébés qui restent « tête en haut » sont plus susceptibles de naître « en siège », ce n'est pas incompatible avec un accouchement par les voies naturelles !

9e mois : le compte à rebours commence

Votre bébé profite de ces dernières semaines in utero pour prendre environ 200 g par semaine et atteindre 3,2 kg (et 50 cm). Dès 38 SA, il est considéré comme étant à terme, ses poumons lui permettant une respiration autonome à l'air libre. S'il reste bien au chaud, c'est pour que son cerveau et ses poumons continuent encore un peu leur maturation. Vous le sentez moins bouger ? Normal, bébé est désormais bien à l'étroit dans l'utérus. Lui aussi doit être impatient de sortir !

Péridurale ou non ?

Environ un mois avant la naissance, vous serez amenée à faire un bilan (obligatoire) avec l'anesthésiste. L'occasion d'aborder l'épineuse question de la péridurale. Faut-il la demander ? Quelles sont les alternatives ? Quelques pistes de réflexion avec les conseils d'un gynécologue.

Le point sur la péridurale

L'avis de l'expert, Dr Gilles Dauptain, gynécologue-obstétricien

Quel que soit votre choix en matière d'analgésie, l'équipe médicale doit, sauf cas d'urgence, respecter votre décision. Aujourd'hui, 9 femmes sur 10 demandent la péridurale. Et pour cause ! Elle est très au point : elle inhibe la douleur, mais pas la motricité des muscles pelviens. Résultat : on a beaucoup moins recours aux forceps et aux ventouses qu'avant ! Elle peut toutefois comporter quelques inconvénients. Concentrée sur le bas du corps, elle oblige la future maman à rester allongée. Et elle n'est pas sans risques d'effets secondaires (sans gravité cependant), comme une latéralisation de l'analgésie (l'anesthésiant ne se diffuse que d'un côté du corps) ou la brèche méningée. Ces maux de tête très douloureux se soignent heureusement facilement !

Et si vous tentiez autre chose que la péri' ?

Au-delà de la péridurale, il existe aujourd'hui d'autres solutions pour apaiser les douleurs de l'accouchement comme l'hypnose, l'acupuncture ou encore la morphine PCA ou le gaz antalgique MEOPA (que la future maman s'auto-administre). Malheureusement, toutes les maternités ne les proposent pas. Intéressée ? Renseignez-vous vite !

Le témoignage de Katrin, 29 ans : « Mon accouchement sans péridurale »

« Pour mon second bébé, j'ai voulu accoucher sans péridurale. Si j'ai très bien géré au début, la suite a été plus compliquée. Juste avant de sentir qu'il fallait pousser, j'ai cru mourir de douleur ! Puis, j'ai compris que mon bébé arrivait. C'était magique : en trois respirations, la tête est passée ! Après l'accouchement, j'étais épuisée, certes, mais très fière de moi ! »

Pour en savoir plus sur les différents types d'analgésie, rendez-vous sur : http://www.cngof.asso.fr

Je prends soin de notre santé !

Dernière ligne droite et dernières précautions à prendre pour votre santé et celle de bébé… Si votre alimentation vous demandera peu d'ajustements par rapport aux mois précédents, il va falloir prendre de nouvelles habitudes côté repos… et découvrir votre périnée !

Les 10 commandements pour que bébé reste bien au chaud !

En ce dernier trimestre de grossesse, pas question de faire des folies ! Pour que votre petit chérubin profite de ces dernières semaines à grandir tranquillement in utero, convertissez-vous à un mode de vie (encore plus) zen et appliquez religieusement ces quelques préceptes…

Je pêcherai par excès de fainéantise

Plus que trois mois (ou moins) avant l'arrivée de votre (divin) enfant ! Il est (plus que jamais) temps de lever le pied pour éviter d'accoucher avant l'heure. Votre nouveau credo : « Je n'en fais pas plus qu'il n'en faut, au boulot ET à la maison ! »

Je prierai mes parents, mes copines ou mon homme de prendre le relais

Faites appel à vos proches pour vous délester, si possible, d'une partie de vos tâches quotidiennes. Chercher les aînés à l'école ? Déléguez aux grands-parents ! Remplir le frigo ? Faites appel à votre homme !

Je me laisserai tenter par la sieste

La fatigue du 1er trimestre passée, vous aviez renoncé à la sieste ? Il est temps de vous y remettre, surtout si vous connaissez des nuits difficiles, ventre envahissant oblige. Micro-sieste en semaine, maxi-sieste le week-end : toutes les formes de repos sont bonnes à prendre !

Je répudierai mes collègues (toxiques)

Le stress est tout aussi contre-indiqué que la fatigue pour vivre une grossesse sereine jusqu'au terme. Veillez donc à vous en préserver au maximum, notamment au bureau, où les tensions et les ragots ne peuvent rien vous apporter de bon.

Je ne ferai pas vœu d'abstinence (quand il s'agira de communiquer)

Les tensions au sein du couple peuvent venir nourrir ce mauvais stress. Plutôt que de laisser les non-dits s'installer, n'hésitez pas à proposer le dialogue. Votre homme aussi peut avoir besoin d'être rassuré !

Je garderai la foi (en ma capacité à être à la hauteur)

Il y a le stress extérieur et celui que l'on s'impose… Il est donc important de savoir dompter vos appréhensions ! Vais-je être une bonne mère, arriver à concilier vie de couple et vie de famille ? C'est le moment d'user et d'abuser de la méthode Coué. Si vous sentez le stress monter, parlez-en à votre sage-femme !

Je méditerai

Sophrologie, yoga prénatal…, il existe plusieurs disciplines énergétiques mises au point spécifiquement pour les futures mamans ! Si vous rencontrez des difficultés à gérer vos angoisses, c'est le moment d'y penser !

Je confesserai que je me sens fatiguée

Votre congé maternité devrait vous permettre d'obtenir le repos nécessaire pour finir votre grossesse en douceur. Mais si vous vous sentez (trop) fatiguée, faites rapidement le point avec votre praticien. Il pourra éventuellement vous prescrire un congé pathologique (voir p. 70).

Je resterai à l'écoute de mon utérus

Vous avez ressenti une contraction ? Pas de panique ! Ce n'est probablement pas la première et ce ne sera pas la dernière ! Veillez toutefois à commencer à compter :

Vous avez eu moins de 10 contractions en 24 heures ? C'est parfaitement normal !

Vous avez eu plus de 10 contractions en 24 heures ? Il est temps d'en parler avec un pro…

J'écouterai pieusement l'équipe qui m'entoure

Toutes les futures mamans ne sont pas égales face à une menace d'accouchement prématuré. Vous avez une grossesse à risque (malformation utérine, béance du col…) ? Il est plus que jamais essentiel de suivre à la lettre les recommandations de votre sage-femme ou de votre gynéco ! S'il (ou elle) vous conseille de rester alitée, levez le pied !

4 exercices pour rester en forme jusqu'au bout

Le yoga, très peu pour vous, vu votre état ? Détrompez-vous ! En vous inspirant des quatre exercices suivants, simples et efficaces au quotidien, vous pourrez vous faire le plus grand bien ! Allez, laissez-vous tenter…

1. La torsion en spirale

Comment faire ? Allongée sur le dos, genoux fléchis et pieds parallèles, placez les mains de part et d'autre de votre corps. En inspirant et en expirant, relevez les genoux vers vous avant de les faire basculer à gauche. Placez le bras gauche, en appui sur le coude, sous vos genoux pour les maintenir, et tournez la tête vers la droite. Respirez trois fois puis ramenez les genoux vers la poitrine. Répétez l'exercice de l'autre côté.

Pourquoi ça ? Pour masser votre estomac et éviter la constipation ! Magique !

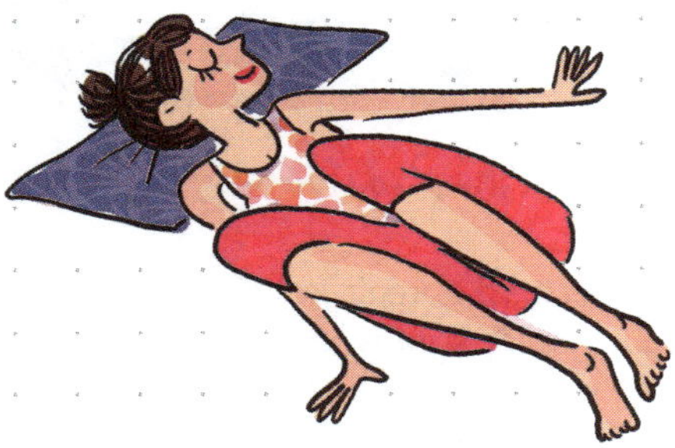

2. Le bercement de l'enfant

Comment faire ? Assise sur un coussin, le dos droit, placez la plante de vos pieds l'une contre l'autre avant de les ramener vers vous. Penchez-vous en avant pour que vos avant-bras reposent sur vos mollets. Respirez à fond et balancez-vous sur la droite. En appuyant sur votre genou, votre coude va favoriser l'ouverture totale de la hanche droite. Avec une petite impulsion, basculez ensuite du côté opposé afin que votre coude gauche vienne faire pression sur votre genou gauche. Répétez le mouvement 10 fois de chaque côté. Un exercice recommandé à la fin du 2e trimestre ou au tout début du 3e !

Pourquoi ça ? Pour tonifier les abducteurs et les fessiers, assouplir vos hanches… et bercer bébé par la même occasion !

3. Le demi-papillon

Comment faire ? Assise, jambes tendues, pliez la jambe droite et venez placer votre pied droit sur (ou à côté de) votre cuisse gauche. Placez la main droite sur le genou replié et la main gauche sur le pied droit. Respirez à fond et bougez le genou replié de haut en bas en exerçant de petites pressions. Répétez l'exercice sur l'autre jambe.

Pourquoi ça ? Pour étirer les muscles des jambes, débloquer les articulations de la hanche et des genoux et préparer votre bassin à l'accouchement !

4. Le yoga nidra

Comment faire ? Allongez-vous sur le dos, les mains et les jambes légèrement écartées. Fermez les yeux et concentrez-vous sur chaque partie de votre corps en respirant calmement. Concentrez-vous et énumérez mentalement toutes les parties de votre main droite (pouce, index, paume, etc.), puis de vos bras, épaule, flanc, hanche, ceci jusqu'au pied, orteils inclus. Puis, en partant de la main gauche, réalisez le même exercice de visualisation au niveau du dos (épaule, omoplate, colonne, fesse droite…). Finissez en vous concentrant sur la tête, le torse et le ventre.

Stress et grossesse, quels sont les risques ?
L'avis du Dr Dauptain, gynécologue-obstétricien
Il est impossible de connaître vraiment l'impact du stress sur la grossesse, car le stress est un état dû à des contraintes multiples (travail, entourage) difficiles à évaluer. On sait par contre qu'il peut favoriser la libération de certaines substances comme la sérotonine ou l'adrénaline, qui ne sont pas sans effet sur le fœtus… Mieux vaut donc s'en prémunir grâce des activités relaxantes !

Pourquoi ça ? Pour vous relaxer en profondeur, évacuer le stress de la journée et commencer la nuit en douceur !

Le témoignage de Cécile, 34 ans : « Mon plan antistress »
« Pour alléger le stress pendant ma grossesse, j'ai trouvé deux solutions : le Pilates prénatal et surtout un rituel du soir antistress. Au programme : un bon bain (pas trop chaud) et 20 minutes de massage par le futur papa en alternant les différentes parties du corps (les pieds un jour, les jambes le lendemain). J'ai dormi comme un bébé jusqu'à mon accouchement ! »

Mes repas stars du 3e trimestre

Vos apports nutritionnels doivent désormais être plus importants… tout en évitant de développer des carences et de prendre trop de poids. Votre objectif : manger entre 2200 et 2500 kcal par jour, privilégier les glucides, les aliments riches en calcium et en vitamine D. Voici quelques menus pour vous accompagner en fonction de la saison… si vous ne souffrez pas de diabète gestationnel !

Votre menu printemps-été

Repas	Calories
Petit Déj'	
– 1 boisson chaude non sucrée – 100 g de compote de pommes sans sucres ajoutés – 30 g de muesli aux fruits secs avec du fromage blanc à 20 % MG	0 70 205 soit 275 kcal
Collation	
– 1 banane – 100 g de yaourt à boire aromatisé (vanille) 	80 80 soit 160 kcal
Déjeuner	
– 1 grand verre de gaspacho – Salade niçoise (250 g) – 2 tranches de pain complet + 1 fromage frais – 1 yaourt maigre sucré 	94 200 224 94 soit 612 kcal

Repas	Calories
Collation	
– 2 biscottes – 1 portion de comté 	80 110 soit 190 kcal
Dîner	
– ½ melon – 120 g de rouget cuit à l'étouffée – Ratatouille – Riz blanc – 2 petites boules de glace au yaourt	100 93 140 76 144 soit 553 kcal
Matières grasses et sucres (à répartir dans la journée)	
– 3 cuillères à soupe d'huile d'olive – 3 sucres 	350 80 soit 430 kcal
	Total 2 220 kcal

Votre menu automne-hiver

Repas	Calories
Petit Déj'	
– 1 boisson chaude non sucrée – 1 pamplemousse – 30 g de muesli aux fruits secs avec du fromage blanc à 20 % MG	0 80 205 soit 285 kcal

Repas	Calories
Collation	
– 1 chocolat chaud light (cacao maigre + lait demi-écrémé) – 1 part d'emmental – 1 tranche de pain complet	110 112 94 soit 316 kcal

Repas (suite)	Calories
Collation	
– 1 tranche de brioche nature – 1 pomme	169 52 soit 221 kcal
Déjeuner	
– 150 g carottes râpées – 1 part de tarte poireaux-champignons – 1 petit saladier de mâche – 1 tranche de pain complet – 2 clémentines	63 225 28 94 94 soit 504 kcal

Repas (suite)	Calories
Dîner	
– 1 bol de velouté potimarron-Kiri® – Steak haché (100 g) – 100 g de purée de pommes de terre – 1 yaourt maigre sucré	120 221 90 94 soit 525 kcal
Matières grasses et sucres (à répartir dans la journée)	
– 3 cuillères à soupe d'huile d'olive – 3 sucres	350 80 soit 430 kcal
	Total 2 281 kcal

Des recettes qui font du bien

Le gaspacho fait maison (pour 2 personnes et 2 repas !)

Coupez grossièrement des tomates pelées (l'équivalent d'une grosse boîte), ½ concombre, ½ poivron rouge, 1 oignon et 1 gousse d'ail avant de les mixer au blender avec 15 cl d'eau. Ajoutez une pointe de sucre, sel et poivre, ainsi que 2 cuillères à soupe d'huile d'olive. Réservez au frigo quelques heures avant de servir !

Tarte poireaux champignons (pour 3-4 personnes)

Émincez 1 oignon, 2 poireaux et 250 g de champignons de Paris. Faites-les faire revenir dans une poêle avec une gousse d'ail pressée et une pointe de thym.
Pendant ce temps, incorporez dans un bol 2 œufs, 50 g de fromage râpé et un petit verre de lait demi-écrémé. Mélangez les deux appareils, salez et poivrez.
Étalez une pâte brisée dans un fond de tarte, piquez-la à la fourchette et déposez-y le mélange. Faites cuire 45 min dans un four chaud (220 °C).

Attention aux carences !
Certaines futures mamans développent, au cours du 3e trimestre de grossesse, des carences en vitamine D et en fer. Votre praticien jugera s'il est bon de vous prescrire une complémentation orale à prendre avant la naissance, mais vous pouvez favoriser certains produits dans votre alimentation quotidienne.
Pour la vitamine D, misez sur les poissons (harengs, sardines, maquereaux, truites, saumons, rougets) frais ou en conserve.
Pour le fer, ne négligez pas le porc et l'agneau (toujours bien cuits), les haricots blancs, les céréales et les épinards.

Adieu mes petits maux !

Entre le sommeil perturbé et les maux de dos qui s'installent, le 3e trimestre de grossesse n'est pas toujours une sinécure ! La solution ? Vous concentrer sur vous !

Mal au dos, jambes lourdes... adoptez les bons réflexes !

Vous êtes réveillée la nuit par des crampes et vous avez le dos en compote ? Quelques petits réflexes simples pourront vous soulager.

J'en finis avec mes (maudites) crampes !

Pourquoi ? Manque de magnésium et de calcium + prise de poids = apparition de crampes !
Que faire ? Misez à fond sur les yaourts et le brocoli pour le **calcium**, les bananes et les céréales pour le **magnésium** et buvez au moins 1,5 litre d'eau par jour. Si nécessaire, votre praticien vous prescrira une complémentation en magnésium.
Votre réflexe anticrise : étirez le muscle concerné ou demandez au futur papa de masser la zone douloureuse, de bas en haut.

J'allège mes jambes qui pèsent une tonne

Pourquoi ? En grandissant, bébé compresse le petit bassin où se situent les vaisseaux sanguins des membres inférieurs.
Que faire ? Le matin, enfilez des collants de contention (n° 3, remboursés par la Sécu), évitez les vêtements trop serrés et les talons hauts. Au bureau, ne restez pas assise trop longtemps. Pendant la nuit, dans votre lit, gardez les jambes légèrement surélevées. Et ne boudez pas la marche ou la piscine !
Votre réflexe anticrise : allongez-vous sur le dos, les jambes en l'air. Alternez les mouvements de pointe et de flexion des pieds, en 2 ou 3 séries de 10 mouvements.

Je soulage mon dos

Pourquoi ? En devenant proéminent, le ventre accentue la cambrure du dos. Des douleurs apparaissent inévitablement (ou presque).
Que faire ? Filez aux séances de préparation à la naissance pour apprendre à maîtriser votre posture (ventre « rentré » et pubis en avant) ! Offrez-vous également une séance hebdomadaire de nage sur le dos et craquez pour une ceinture de grossesse !
Votre réflexe anticrise : faites appel à un spécialiste de l'acupuncture, voire à un ostéopathe.

J'ose le massage du périnée !

Masser votre périnée ? Vous ne saviez même pas que c'était possible ! Pourtant dès le 8e mois de grossesse, ce geste est vivement conseillé pour faciliter le travail lors de l'accouchement…

Préparer le périnée à l'accouchement
L'avis de l'expert, Sophie Guillaume, sage-femme
« Mais pourquoi m'imposez ça ? » vous direz-vous peut-être… Il faut savoir que le périnée est mis à rude épreuve pendant l'accouchement. Le masser à partir du 8e ou du 9e mois, quand les hormones sont bien imprégnées au niveau des muscles, permet de l'assouplir et favorise le travail d'expulsion. Résultat : les risques de déchirure et d'épisiotomie sont moindres ! À bonne entendeuse !

Avant de commencer, je me mets dans les bonnes conditions !

- Veillez toujours à avoir les mains bien propres et les ongles courts.
- Trouvez la bonne position. Assise sur votre lit, debout, un pied sur une chaise… L'essentiel est de vous sentir à l'aise !
- Investissez dans une huile de massage adaptée ! Les huiles de bourrache ou d'amande douce peuvent s'y prêter.

Attention ! Faites l'impasse sur le massage si vous souffrez d'infections vaginales, d'hémorroïdes ou de varices vulvaires.

Et après… Je m'y prends comment ?

Étalez de l'huile sur la zone entre le vagin et l'anus.
Placez le pouce à l'entrée du vagin, votre index et votre majeur sur la zone entre la vulve et l'anus.
Réalisez des pressions et des étirements en « U » sur cette zone. Et pas besoin de faire de l'excès de zèle : 2 à 3 minutes chaque jour, jusqu'à l'accouchement, suffisent !

Oh la la ! Ça me paraît compliqué !

Un peu perdue face à cette zone que vous auriez bien continué à ignorer ? Votre sage-femme vous expliquera tous les secrets du massage du périnée lors de la prépa' à la naissance. N'hésitez pas à lui poser toutes vos questions !

Dormir ? Mission impossible !

Entre le stress lié à l'arrivée de bébé, les maux du 3e trimestre et ce ventre qui n'en finit pas de grossir et d'envahir votre espace, pas facile de piquer un somme ! Votre mission, si vous l'acceptez : trouver la solution adaptée à votre type d'insomnies.

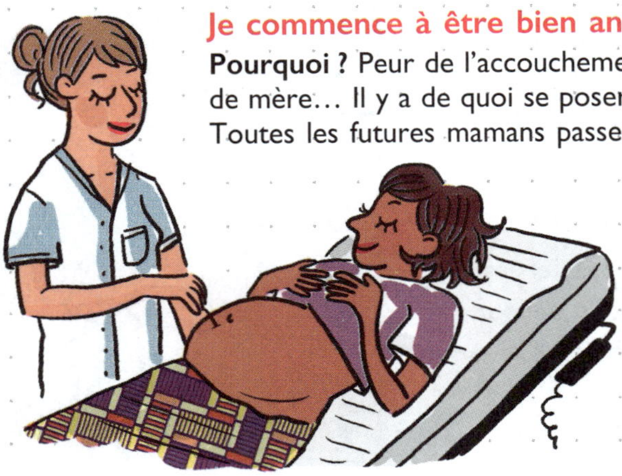

Je commence à être bien angoissée

Pourquoi ? Peur de l'accouchement, de ne pas être à la hauteur de votre rôle de mère… Il y a de quoi se poser des questions quand la naissance approche ! Toutes les futures mamans passent par là !

La solution ? Parlez-en ! Votre sage-femme pourra vous aider à dédramatiser l'accouchement et vous rassurer. Elle sera aussi la plus à même pour vous conseiller une méthode vous permettant de vous relaxer et de prendre du recul (sophrologie, yoga, etc.). Sachez enfin que l'acupuncture peut faire de véritables petits miracles contre les angoisses !

J'ai l'estomac en vrac

Pourquoi ? En fin de grossesse, les brûlures d'estomac sont plus fréquentes car l'utérus compresse l'estomac, favorisant ainsi les remontées acides. Le hic : ces dernières sont surtout ressenties en position allongée.

La solution ? Vous commencez à y être rodée : le premier réflexe est de fragmenter vos repas, tout en évitant évidemment les aliments acides ou épicés. Veillez aussi à ne pas dîner juste avant de vous coucher et, idéalement, à faire une petite balade digestive avant de vous mettre au lit. Si les aigreurs persistent, sachez que les pansements gastriques ou l'homéopathie (*Nux vomica*) sont autorisés pendant la grossesse. N'hésitez pas à en parler à votre praticien !

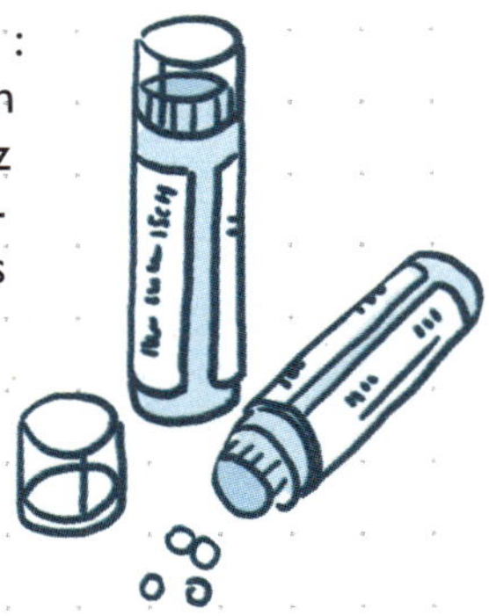

Bébé fait la fête et n'arrête pas de me réveiller

Pourquoi ? La nuit, vous êtes plus réceptive aux mouvements de bébé… qui se rappelle donc à vous très régulièrement (voir p. 34).

La solution ? Attendre ! En grandissant, le fœtus aura de moins en moins de place pour bouger et devrait donc moins vous réveiller. Si toutefois votre petit(e) acrobate perturbe trop vos nuits, essayez de recourir aux plantes. Les solutions en comprimés, type Euphytose®, ne sont pas contre-indiquées et peuvent améliorer le sommeil… tout comme les tisanes, qui risquent, par contre, de vous faire lever la nuit !

J'ai le dos et/ou le ventre qui tire(nt)

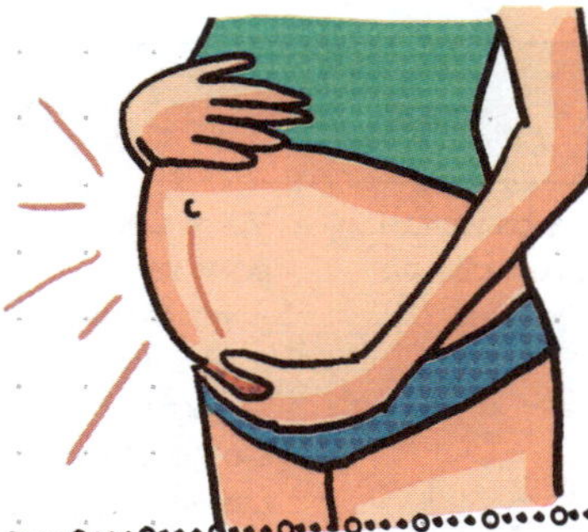

Pourquoi ? Avec votre bidon, il devient difficile de trouver la bonne position pour trouver le sommeil, surtout si vous aviez l'habitude de dormir sur le ventre.

La solution ? C'est le moment d'investir dans un coussin d'allaitement ou de type « CorpoMed® » spécifiquement fabriqué à cet usage. L'objectif : bien vous caler, notamment au niveau du dos. Un achat qui sera largement rentabilisé après la naissance ! Placez également un petit coussin en-dessous de votre ventre et entre vos genoux pour éviter les douleurs ligamentaires.

Comment éviter les malaises au coucher ?
L'avis de l'expert, Sophie Guillaume, sage-femme
Au cours du 3e trimestre, de nombreuses futures mamans ont un sentiment de malaise en s'allongeant. Elles ont la sensation d'avoir chaud, ressentent des picotements, et leur pouls est plus rapide. L'explication : lorsqu'on est couchée, notamment sur le dos, l'utérus vient comprimer l'aorte et la veine cave, ralentissant ainsi le retour veineux. Que faire ? Vous allonger sur le côté gauche, tout simplement !

Je m'organise !

Plus question de procrastiner ! Au cours de ces dernières semaines, vous allez avoir bien des choses à gérer. De vos examens à la chambre de bébé, en passant par votre congé maternité, vous allez gagner cette dernière course contre la montre !

Je n'oublie pas mes rendez-vous médicaux

Dernière ligne droite pour vos examens médicaux ! Plus qu'une échographie et quelques rendez-vous et vous tiendrez bientôt bébé dans vos bras !

DATE	EXAMEN	POURQUOI ?	À PRÉVOIR	VOTRE DATE DE RENDEZ-VOUS
Au cours du 7e mois **Entre 29 et 31 SA**	La consultation prénatale du 7e mois  	Votre sage-femme ou gynéco fera le point sur : – les mouvements du fœtus, – votre tension, – votre HU. L'objectif : dépister certains troubles spécifiques au 3e trimestre de grossesse, comme l'hypertension artérielle ou un retard de croissance de bébé. De la vitamine D pourra également vous être prescrite si vous êtes carencée.	Prenez directement rendez-vous pour votre prochaine consultation et votre rencontre avec l'anesthésiste.	
	Bilan biologique	Comme tous les mois, une recherche d'albumine dans les urines sera faite, ainsi qu'un dépistage d'infections urinaires, si nécessaire. Si vous êtes « toxo négative », la sérologie habituelle est au programme !		
32 SA 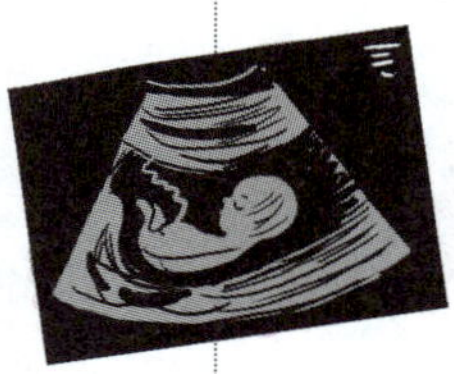	La 3e échographie	Au cours de cet examen, l'échographiste vérifiera : – la croissance et la vitalité du fœtus, – si bébé présente bien sa tête tournée vers le bas, – enfin, la quantité de liquide amniotique.	Comme d'habitude, évitez l'application de crème sur le ventre. Prévoyez le fait que votre bébé sera moins visible : il aura trop grandi pour apparaître entièrement sur l'écran.	

Au cours du 8e mois **Entre 32 et 36 SA**	La consultation du 8e mois	Au-delà des examens habituels, votre praticien veillera à exclure tout signe d'hypertension artérielle et fera un point sur les contractions ressenties. C'est aussi le moment où il évaluera les dimensions de votre bassin, l'assouplissement des tissus en fin de grossesse le permettant alors. En se basant sur cette observation et votre dernière échographie, il pourra essayer d'évaluer si vous accoucherez par voie basse ou par césarienne.	Rapportez votre dossier médical et les clichés de vos deux échographies. Prenez rendez-vous pour la consultation du 9e mois.	
	Bilan biologique	Au-delà du bilan habituel, une recherche d'anémies et du streptocoque B (prélèvement vaginal) pourra être faite. À noter : le streptocoque B n'est absolument pas dangereux pour vous, mais impose un traitement au moment de l'accouchement pour éviter la contamination du nouveau-né.		
Au cours du 9e mois **À partir de 37 SA**	La consultation du 9e mois	C'est normalement votre dernier bilan avec votre sage-femme ou votre gynécologue avant l'accouchement ! Au programme : mesure de votre HU, prise de tension, petite vérification de la position de bébé et des battements de son cœur… Et surtout pronostics pour votre accouchement ! Un toucher vaginal sera aussi réalisé pour faire un « check-up » du col utérin et de votre bassin, mais aussi évaluer où se place la tête de bébé. À noter : si votre praticien soupçonne que bébé se présente par le siège, une écho complémentaire pourra être prescrite.	Vous avez quelques dernières questions sur l'accouchement ? Partagez-les ! 	
Entre le 8e et 9e mois	Le rendez-vous chez l'anesthésiste	L'anesthésiste vous expliquera comment fonctionne l'analgésie pendant l'accouchement et fera un bilan de santé complet (interrogatoire et examen clinique). Son objectif : vérifier vos antécédents, vos allergies ou contre-indications éventuelles à la péridurale. Il vous prescrira également un bilan sanguin.	Ne boudez pas l'anesthésiste, même si vous comptez accoucher sans péridurale, ce rendez-vous est obligatoire et peut vous être utile dans tous les cas ! Faites votre bilan sanguin au plus vite : il doit être réalisé sans faute le mois précédent l'accouchement.	

Abécédaire d'un congé maternité réussi

Vous vous imaginez déjà un chocolat chaud à la main et la télécommande dans l'autre… Certes, dans « congé maternité », il y a « congé » (et vous devez en profiter !). Mais il y a aussi quelques autres (menus) détails à ne pas oublier !

A comme « Allaitement »

Vous allez aborder la question lors de la préparation à la naissance, mais n'hésitez pas à continuer votre réflexion autour de l'allaitement pendant votre congé mat'. En vous y penchant dès maintenant, vous vous éviterez bien des questionnements existentiels après la naissance (biberon bleu ou rose ? Pourquoi les marques de lait se comptent par dizaines ?).

B comme « Baby shower »

Cela ne peut vous faire que du bien de retrouver vos ami(e)s pour célébrer la naissance de bébé. Mais qui dit fête, ne dit pas surmenage ! Confiez son organisation à une de vos proches et profitez-en comme une princesse !

C comme « Congé de paternité »

Votre homme pourra bénéficier de 11 à 18 jours de repos dans le cadre de son congé de paternité. Pour cela, il doit prévenir son employeur au moins un mois avant le début souhaité du congé. S'il prévoit de passer les premiers jours de bébé avec vous, il devra envoyer son courrier (recommandé) au cours de votre 8e ou 9e mois de grossesse !

D comme « Dossier pour la mater' »

Pffff, encore de la paperasse ! Eh oui ! N'hésitez pas à bien préparer votre dossier pour éviter d'oublier un certificat X ou une analyse Y, le jour J (voir p. 89).

E comme « Esthéticienne (et coiffeur) »

Une fois bébé arrivé, vous aurez peu de temps pour vous (et le poil risque de repousser à vitesse grand V). Profitez du calme avant la tempête pour vous offrir un moment de bien-être. Au programme : coiffure, épilation, massage, soins du visage…

F comme « Faire-part »

Certes, vous ne pourrez finaliser votre faire-part qu'après la naissance, mais il y a des petites choses que vous pouvez préparer en amont. Faites un tour d'horizon des prestataires, mettez à jour votre carnet d'adresses, repérez les modèles qui vous plaisent : ce sera toujours ça de fait !

G comme « Garde-manger »

Veillez à (faire) faire de grosses courses pour ne manquer de rien à votre retour de la maternité. Couches, soins pour bébé, surgelés... C'est le moment de faire la fourmi (et pas la cigale) en remplissant réfrigérateur et placards !

L comme « Liste de naissance »

Pour éviter de crouler sous une montagne de doudous et vous permettre d'être bien équipés pour les premiers mois de bébé, pensez à la liste de naissance. À l'instar d'une liste de mariage, elle permet à vos proches de savoir ce qui vous manque et de vous acheter un cadeau utile (ou non !) que vous aurez vraiment désiré. À réaliser en 15 minutes chrono sur www.ookoodoo.com ou sur la plupart des sites des grandes marques de puériculture !

M comme « Modulation (du congé mat') »

Le congé maternité se divise en deux temps : le congé prénatal (6 semaines avant l'accouchement pour un premier ou un deuxième enfant) et le congé post-natal (10 semaines après la naissance). Depuis 2007, vous pouvez, si vous êtes en forme, reporter une partie du congé prénatal après l'accouchement, dans la limite de 3 semaines, histoire de profiter de bébé. Seul impératif : votre praticien doit avoir donné son accord. Intéressée ? Envoyez une demande écrite de report à la CPAM, accompagnée d'un certificat médical.

N comme « Nounou »

Si vous désirez faire garder votre bébé par une assistante maternelle ou une nounou à domicile, lancez le recrutement dès votre grossesse. C'est d'autant plus important si vous souhaitez recourir à une garde partagée qui impliquera que vous trouviez à la fois la nounou (d'enfer) et la famille (de rêve) qui partagera la garde avec vous. Commencez par vous renseigner auprès de votre entourage, votre PMI, votre mairie ou des fédérations de professionnels (SPAMAF ou UFNAFAAM).

P comme « Pédiatre »

Les rendez-vous chez le pédiatre vont vite s'enchaîner. Partez en quête d'un bon médecin dès aujourd'hui et prenez un premier contact avec le cabinet !

R comme « Reconnaissance anticipée de bébé »

Vous n'êtes pas mariés ? Votre compagnon devra reconnaître votre enfant à l'état civil pour établir la filiation. La procédure avant la naissance ? Seul, ou avec vous, votre homme doit se rendre en mairie muni d'une pièce d'identité pour faire réaliser un acte de reconnaissance par un officier de l'état civil. Cet acte doit être présenté lors de la déclaration de naissance. N'oubliez pas de l'inclure dans votre dossier pour la maternité !

S comme « Sieste »

Bientôt le doux temps des siestes à volonté sera derrière vous ! Veillez donc à bien vous reposer tout au long de votre congé prénatal et fixez-vous comme objectif de rayer (seulement) une à deux choses par jour de votre to-do list !

T comme « Test (du matériel de puériculture) »

Vous allez investir dans tout un attirail pour bébé, dont la complexité des notices ferait parfois rêver un astrophysicien ! Votre objectif : dompter le matériel avant l'arrivée du principal intéressé. Installez et désinstallez le siège-auto, nouez et dénouez l'écharpe de portage… À terme, ce sera payant !

V comme « Visite de la maternité »

Prenez le temps de vous familiariser avec l'établissement qui vous accueillera. Si certains hôpitaux prévoient une visite des salles de naissance dans le cadre de la préparation à la naissance, ce n'est pas systématique. Demandez à votre sage-femme ce qu'il en est !

Le congé pathologique, quèsaco ?

Comme son nom l'indique, le congé pathologique est accordé par votre médecin en cas de pathologie liée à la grossesse. Si nécessaire, il pourra vous prescrire :

- deux semaines de repos supplémentaires avant le début de votre congé prénatal (qui peuvent aussi être recommandées par votre sage-femme),
- jusqu'à 4 semaines supplémentaires après votre congé post-natal.

Vous ne vous sentez pas bien ? N'hésitez pas à lui en parler !

Je prépare la chambre de bébé...

Pour vous aider à agencer la chambre de bébé, rien ne vaut un petit plan d'attaque bien ficelé !

Misez toujours sur la sécurité !
Dans ses recommandations sur le couchage, l'Association Américaine de Pédiatrie (AAP) conseille aux parents de ne pas utiliser de tours de lit, afin de limiter les risques de mort subite du nourrisson (www.aap.org).

Le coin pour la nuit

À acheter (ou à récupérer)

Un lit à barreau / Un petit matelas / Un mobile simple...

Comment je l'organise ?

Placez le lit face à la porte pour que bébé puisse vous voir rentrer et achetez un matelas en mousse aux dimensions exactes du berceau. À bannir : la déco trop chargée. Le coin dodo doit être simple pour garantir à bébé des nuits zen !

L'astuce en plus
L'achat d'un couffin n'est pas utile ! Investissez directement dans un lit à barreaux.

Le coin pour l'allaitement, le réconfort

À acheter (ou à récupérer)

Un fauteuil / Un coussin d'allaitement / Une veilleuse...

Comment je l'organise ?

Installez un fauteuil, duquel vous pourrez vous relever facilement, et une petite table sur laquelle vous pourrez poser sucettes, langes & Co. Pensez aussi à une lumière douce, pour vous repérer dans le noir sans perturber bébé.

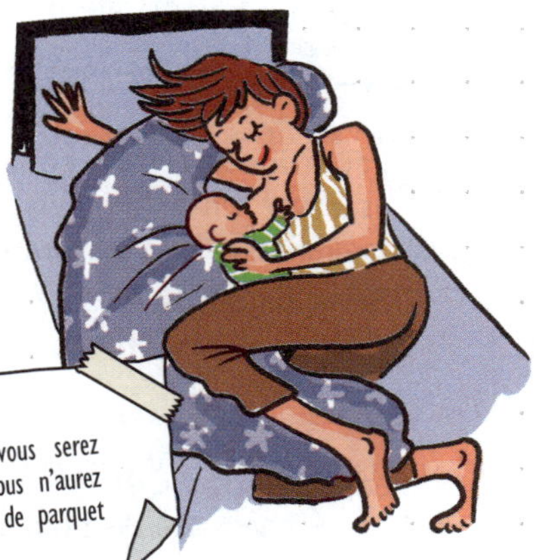

L'astuce en plus
Pensez au tapis ! Quand vous serez arrivée à endormir bébé, vous n'aurez pas envie qu'un grincement de parquet vienne gâcher vos efforts !

Le coin pour le change

À acheter (ou à récupérer)

Une table à langer / Une petite commode ou une penderie...

Comment je l'organise ?

Choisissez une table à langer avec des protections latérales d'une grande stabilité, des rangements et la mention « Conforme aux exigences de sécurité ». Installez-là entre deux murs en coin et accolez-y une commode. L'objectif : éviter tout risque de chute.

L'astuce en plus
Si vous manquez de place, vous pouvez investir dans un matelas à langer, à condition de l'utiliser sur un support plat sécurisé.

Je prépare ma valise pour la maternité

Préparer votre valise pour la maternité : un jeu d'enfant ? Pas totalement ! Pour ne rien oublier, mieux vaut s'organiser au plus tôt. Dès votre 8e mois, commencez donc à rassembler ce dont vous aurez besoin ! Check-list des indispensables.

Pour constituer votre dossier à l'arrivée

- ✓ Une pièce d'identité
- ✓ Le carnet de maternité
- ✓ Votre dossier médical (échographies, résultats d'examens…)
- ✓ La reconnaissance anticipée ou le livret de famille
- ✓ Votre carte de groupe sanguin
- ✓ Votre carte Vitale et votre carte de mutuelle
- ✓ Votre numéro d'allocations familiales

Saviez-vous que la maternité vous équipe ?
L'avis de l'expert, Dr Dauptain, gynécologue-obstétricien

Dans les maternités des hôpitaux publics, on peut théoriquement y venir sans « rien », l'hôpital fournissant tout pour la maman ET le bébé. Mais cela n'exclut pas d'emporter vos effets personnels !

Pour la salle d'accouchement

- ✓ 1 chemise de nuit ou un tee-shirt ample
- ✓ 1 paire de chaussettes
- ✓ 1 gilet ou une veste
- ✓ 1 brumisateur d'eau
- ✓ Votre lecteur MP3, des mini-enceintes… et la musique qui vous fait du bien !

Pour le séjour à la maternité

- ✓ 3 ou 4 chemises de nuit ou des pyjamas (rien de très sexy, pensez à votre confort !)
- ✓ 1 peignoir et un sweat pour vos déplacements dans les couloirs
- ✓ 2 serviettes de toilette
- ✓ De très jolies – et élégantes – culottes filet
- ✓ 1 paquet de serviettes hygiéniques ultra-absorbantes
- ✓ 1 nécessaire de toilette
- ✓ Votre téléphone et son chargeur
- ✓ Votre appareil photo
- ✓ Un bon bouquin (ou de quoi faire passer le temps que vous n'aurez probablement pas)

Si vous comptez allaiter

- ✓ 2 soutiens-gorge d'allaitement
- ✓ Des coussinets et coques d'allaitement
- ✓ 1 crème spécial allaitement à base de lanoline purifiée

Témoignage d'Ariane, maman d'Arthur, 10 mois : « N'oubliez pas d'apporter votre goûter préféré ! »

« Le travail a duré chez moi près de 20 heures… Avec la dernière ligne droite à jeun, j'étais bien contente de retrouver mes biscuits à l'orange une fois installée dans ma chambre ! »

Je prépare le trousseau de bébé

Bébé aussi aura besoin de sa panoplie du parfait nouveau-né pour ses premiers jours…

Pour la salle d'accouchement

- ✓ 1 pyjama
- ✓ 1 body
- ✓ 1 cardigan ou gilet
- ✓ 1 petit bonnet
- ✓ 1 paire de chaussettes
- ✓ 1 paire de chaussons

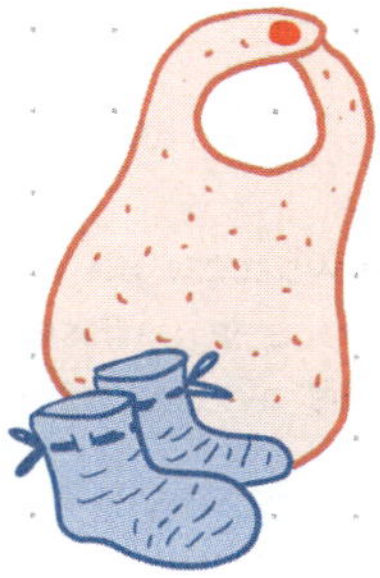

Le petit truc de Myriem, maman de Daenarys, 6 mois
« Dans votre valise, préparez un petit sac à part contenant tout ce dont vous aurez besoin pour la salle de naissance. Pas la peine de vous encombrer tout de suite avec la totalité de vos affaires ! »

Pour le séjour à la maternité

- ✓ 6 bodys (ou plus)
- ✓ 6 pyjamas
- ✓ 6 paires de chaussettes
- ✓ 2 cardigans ou gilets
- ✓ 6 serviettes (pour le bain et le change)
- ✓ 5 bavoirs
- ✓ 1 gigoteuse
- ✓ 1 paquet de couches (3-5 kg)
- ✓ 1 tenue de sortie
- ✓ 1 nid d'ange
- ✓ 1 bonnet en laine

Le petit truc d'Aurélie, maman de Melville, 18 mois
« Misez plutôt sur des petits vêtements de taille 1 mois plutôt que taille naissance… On ne sait jamais, bébé peut être un peu plus gros que prévu ! »

Pour la sortie (à faire rapporter par papa le jour J)

- ✓ 1 poussette et sa nacelle
- ✓ 1 chancelière pour garder bébé au chaud !
- ✓ 1 siège-auto si vous rentrez en voiture (et même en taxi car peu de véhicules en sont équipés)

Le petit truc de Claire, maman de Sélène, 20 mois
« Remisez au placard tous les vêtements pour bébé qui s'enfilent par la tête et préférez les boutons de pression ! Mieux vaut s'éviter des sueurs froides, surtout à l'arrivée du premier ! »

Notre vie à deux… avant d'être trois !

Vous accorder sur le choix du prénom de bébé et vous épanouir dans votre vie sexuelle, le tout avec un futur papa angoissé ? Défi accepté !

Prénom : avons-nous fait le bon choix ?

En plaisantant, vous aviez pensé à l'appeler Chewbacca, en hommage à papa, fan de *Star Wars*, ou Charlotte-Amandine-Nougatine, parce que la pâtisserie, vous aimez vraiment ça. Fort heureusement, vous vous êtes ravisés ! Mais avez-vous vraiment trouvé LE prénom qui va bien ?

Dans les prénoms qui figurent sur votre *short-list*, on retrouve Emma, Lola, Chloé, Nathan, Lucas ou Gabriel…

☐ Oui ☐ Non

Vous avez réussi à prononcer le futur prénom et votre nom de famille à la suite sans bégayer, douter ou rire…

☐ Oui ☐ Non

Vous avez vérifié qu'il n'y avait aucun jeu de mot possible avec les initiales que portera votre futur enfant (BD, PQ)…

☐ Oui ☐ Non

Vous avez déjà pensé à tous les diminutifs (de plus ou moins bon goût) qui pourraient découler dudit prénom…

☐ Oui ☐ Non

Vous avez pensé à ces 2e, 3e, voire 4e prénoms, et tout vous semble couler de source…

☐ Oui ☐ Non

Le prénom que vous préférez ne peut pas être confondu avec une marque de produit ménager ou de nourriture pour animaux, un personnage de série, un modèle de voiture…

☐ Oui ☐ Non

Vous avez choisi un prénom simple à orthographier (Jennifer, oui ; Djenniphaire, non)…

☐ Oui ☐ Non

Le prénom que vous comptez donner à votre enfant existe déjà, vous ne l'avez pas inventé de toute pièce…

☐ Oui ☐ Non

En choisissant le prénom du futur bébé, vous avez pris en compte ceux de vos aînés…

☐ Oui ☐ Non

Vous avez imaginé votre bébé devenu adulte, et son prénom lui ira toujours comme un gant…

☐ Oui ☐ Non

FAITES LES COMPTES !

OUI	NON

Une majorité de oui : *Vous êtes sur la bonne voie !*

Vous semblez bien partis pour trouver le prénom parfait pour votre enfant. Ni trop original ni trop complexe, il vieillira avec votre enfant sans qu'il ne s'en lasse ou n'en souffre ! Veillez tout de même à ne pas verser non plus dans la facilité ! Un joli prénom peu courant, c'est aussi une fierté et de belles histoires à raconter !

Une majorité de non : *Peut-être vaut-il mieux encore mûrir votre choix ?*

Un prénom, c'est pour la vie… et Dieu sait qu'il est difficile d'assumer les moqueries de ses petits camarades d'école, de devoir épeler son prénom à chaque nouvel interlocuteur ou se justifier devant un futur employeur ! Veillez donc à bien peser le pour et le contre dans votre choix. Peut-être suffira-t-il de revoir l'orthographe du prénom ou de faire un peu moins original. Votre enfant vous remerciera !

Vous n'avez pas encore trouver LE prénom idéal pour votre futur enfant ?

Remplissez avec votre compagnon le tableau ci-dessous !

LES PRÉNOMS PRÉFÉRÉS DE MAMAN	LES PRÉNOMS PRÉFÉRÉS DE PAPA
....	....
....	....
....	....
....	....
....	....
....	....
....	....
....	....
....	....
....	....

Je continue à faire l'amour... jusqu'au bout !

4 postures pour un maxi-plaisir

Pour rugir de plaisir jusqu'à l'arrivée de bébé, domptez votre ventre et vos petits maux avec ces quelques positions adaptées au 3e trimestre de grossesse.

La position de l'équerre

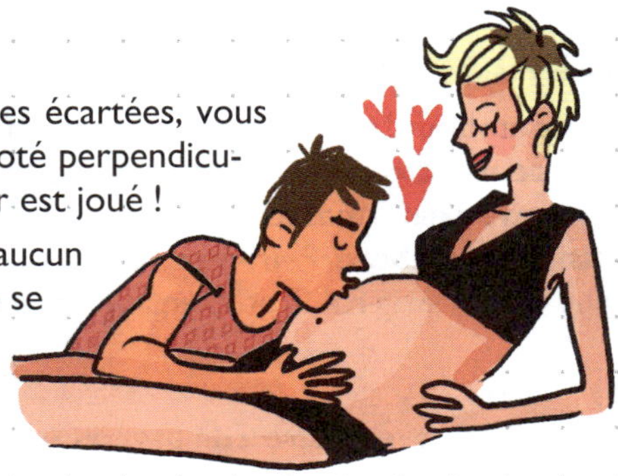

Comment ça marche ? Allongée sur le dos, les jambes écartées, vous attendez que votre homme vienne s'allonger sur le coté perpendiculairement à vous. Enlacez-le de votre jambe et le tour est joué !

C'est parfait car… En étant sur le dos, vous n'avez aucun problème au niveau des lombaires et votre homme se tenant à vos côtés, personne ne sera « encombré » par votre ventre devenu, admettons-le, encombrant !

La position de la cuillère

Comment ça marche ? Un grand classique ! Vous êtes allongée sur le côté et votre homme vient se placer parallèlement juste derrière vous.

C'est parfait car… La cuillère est toujours source de grand plaisir et de complicité, tout en restant très facile « à tenir ». Peu de fatigue, beaucoup de tendresse : que demander de plus ?

La position du vol des mouettes

Comment ça marche ? Allongez-vous sur le bord du lit de manière à caler le bas de votre dos avec l'extrémité du matelas. Placez vos pieds en appui sur le sol. Votre homme, quant à lui, vient se positionner à genoux juste devant vous.

C'est parfait car… Vous n'avez rien à faire, à part en profiter ! Monsieur s'occupe de tout, tandis que votre dos est bien soutenu par le matelas.

La position de l'union de l'abeille

Comment ça marche ? Votre homme est assis sur le bord du lit. Vous venez vous asseoir sur ses genoux, dos à lui.

C'est parfait car… Dans cette position, aucun risque que vous soyez gênés par votre ventre ! Par contre, il va falloir que vous preniez les choses en main, car ce sont vos mouvements qui vont guider votre plaisir ! À réserver pour les jours de grande forme donc !

Faire l'amour oui, mais jusqu'à quand ?

Jusqu'au bout !…. Enfin, sauf si votre praticien y voit une contre-indication, évidemment ! Tant que vous avez la forme et surtout l'envie, laissez-vous aller !

Et si je tentais l'accouchement à l'italienne ?

C'est un conseil que les femmes expérimentées transmettent aux futures mamans depuis toujours : si vous en avez assez d'attendre bébé, faites l'amour ! La sexualité pourrait-elle favoriser le travail ? Eh oui, à en croire aussi les experts !

Faire l'amour pour accoucher plus vite ?
L'avis de l'expert, Dr Gilles Dauptain, gynécologue-obstétricien
Lors de l'accouchement, le personnel médical utilise une hormone, la prostaglandine, pour faire maturer le col si besoin. Or, ce composé est présent en grande quantité dans le sperme. En contact avec le col de l'utérus, il peut donc favoriser l'assouplissement, le raccourcissement du col et l'apparition de petites contractions supplémentaires, non négligeables quand on veut vraiment accoucher ! À bons entendeurs !

Futur papa angoissé : 3 conseils pour le rassurer !

Le futur papa panique ? On peut le comprendre ! Après tout, c'est votre petit univers qui s'apprête à être bouleversé (en bien, évidemment) ! Découvrez vite les petites astuces de celles qui sont déjà passées par là… pour apaiser leur compagnon !

Il a peur de l'accouchement !

« Vers le milieu de ma grossesse, mon homme a commencé à se dire que, vraiment, les hôpitaux, ce n'était pas son truc. Ce qui l'a calmé ? D'abord, la visite de la salle de naissance et la préparation à l'accouchement, grâce auxquelles il a compris qu'il ne resterait pas les bras croisés le jour J. Nous avons aussi pris le temps de dresser une liste très détaillée des questions à poser à ma sage-femme. Faire cet exercice ensemble lui a montré que j'avais, moi aussi, des peurs et lui a permis de relativiser un peu les siennes ! »

Élodie, 25 ans

Il a peur de ne pas être à la hauteur en tant que père !

« Mon mari a très vite partagé sa crainte de ne pas "assurer" avec notre enfant. Ma solution : le responsabiliser au maximum ! Je lui ai demandé de se charger de l'inscription à la crèche, de l'achat de la poussette… Il a aussi participé à un groupe de parole pour futurs papas. Même s'il ronchonnait, il s'est rendu compte que, comme d'autres, il était capable de beaucoup plus de choses qu'il ne le croyait ! »

Caroline, 32 ans

Il a peur que bébé mette notre couple à mal !

« En bons derniers de notre groupe d'amis à avoir un enfant, nous avons assisté à des disputes absurdes autour de bébé… et cela angoissait Luc. Notre solution : profiter jusqu'au dernier moment de nos soirées prénatales pour recharger nos batteries amoureuses. J'ai aussi fait une liste de naissance différente, demandant des heures de baby-sitting et de ménage. Résultat : on a pu être aidés par quelqu'un pour s'occuper un peu de la maison et nos proches se sont rapidement relayés pour assurer les petites gardes du soir. »

Élisabeth, 41 ans

Chapitre 4

Le jour de mon accouchement

Ça y est ! Le moment tant attendu est arrivé : vous vous apprêtez enfin à rencontrer votre bébé ! Mais avant de tenir votre petite merveille dans vos bras, il va falloir que vous viviez l'un des plus incroyables événements de votre vie : l'accouchement !

Et comme tout événement incroyable, il mérite d'être bien préparé pour être vécu pleinement ! Votre mission en cette fin de grossesse : éviter toutes les mauvaises surprises ou petits désagréments qui pourraient venir ternir ce moment de bonheur absolu !

Il est donc temps de faire le point sur les signes qui vous donneront le top du départ vers la maternité et les tâches à déléguer au papa pendant votre séjour. C'est aussi le moment de prendre le temps de dédramatiser l'accouchement. Pour y parvenir (vraiment), tentez d'analyser vos dernières appréhensions et prenez conscience des petits aléas qui peuvent survenir pendant et après la naissance… Certes, certains détails manquent de glamour, voire ne vendent vraiment pas du rêve, mais l'essentiel est le résultat : la naissance (tant attendue) de votre bambin !

Bref, c'est le moment d'entamer cette dernière ligne droite informée et remontée à bloc ! Vous allez voir : tout va se passer comme sur des roulettes…

Je décrypte mes contractions

Avant l'heure, ce n'est pas l'heure ! Après l'heure, cela risque d'être un peu compliqué à gérer ! Bref, quand il s'agit du début du travail, mieux vaut savoir écouter son corps. Sans paniquer ! Alors, j'y vais ou pas ? Quelques cas qui peuvent se présenter à vous…

J'ai des contractions irrégulières mais aucune douleur : je reste tranquillou à la maison !

Vous les avez connues au 2e trimestre : les fausses contractions – dites de « Braxton Hicks » – sont le signe que l'utérus travaille et n'annoncent pas la naissance imminente ! Comment les différencier des contractions de travail ? Facile, elles ne sont pas douloureuses !

Oh, un bouchon muqueux ! Je reste au chaud !

Si vous constatez que ce petit amas de glaires vous a quitté (un moment de pure poésie), restez zen ! Le col de l'utérus se modifie, certes, mais vous devriez encore avoir une semaine, voire 10 jours tranquilles devant vous !

J'ai perdu les eaux : je boucle la valise et je file !

Même si vous ne ressentez pas de contractions, filez à la maternité ! Avec la perte des eaux, bébé n'est plus protégé des risques infectieux. Il est donc temps qu'il pointe le bout de son nez !

J'approche du terme et j'ai des saignements : je pars (par précaution !)

Mais pas d'affolement ! Ces saignements de fin de grossesse sont souvent le signe que le col se prépare. Reste que votre praticien doit s'assurer que le placenta est toujours au top. Filez !

J'ai des contractions douloureuses de moins en moins supportables : go, go, go !

Vers 37 SA, vous ressentirez sûrement les premières contractions de travail. Vous devez alors attendre qu'elles gagnent en régularité et en intensité. Votre top départ : quand les contractions se rappellent à vous toutes les 10, puis 5 minutes !

Bébé n'arrive pas : quelles solutions s'offrent à moi ?

Voilà des mois que vous l'attendez et, en cette dernière ligne droite, vous aimeriez bien que bébé accélère un peu le mouvement ! Tentée de donner un petit coup de pouce à la nature ? Faites-le point sur les différentes méthodes pour provoquer le travail.

Je fais un grand ménage de printemps… ou une petite partie de tennis !

Mauvaise idée !
L'explication du Dr Dauptain : « De nombreuses futures mamans ont ce genre d'attitude quelques jours avant le terme… Mais s'épuiser par le ménage, comme par le sport, n'est pas une bonne idée : l'effort physique intense ne déclenche pas le travail, vous allez juste arriver vidée à la maternité ! »

Je me fais très, très plaisir !

Bonne idée !
C'est avec eux que tout commence, c'est avec eux que tout peut aussi finir ! Les petits soldats de votre homme – enfin son sperme – favorisent *via* la prostaglandine (voir p. 77) la maturation du col. Pour accoucher, prenez votre pied !

Je prie pour que ce soit bientôt la pleine lune !

Mauvaise idée !
Vous pouvez toujours avoir l'œil rivé sur le calendrier, il y a de fortes chances que vous soyez déçue ! « Il n'y a aucune preuve scientifique que le cycle de la lune influe sur les naissances, » tient à rappeler le Dr Dauptain. Reste qu'il n'y a pas de contre-indication à croire en ce mythe… un peu lunaire !

Je me fais une petite tisane, ça ne peut pas faire de mal !

Mauvaise idée !
Prises en décoction, la sauge, tout comme les feuilles de framboisier sauvage, faciliteraient le travail. Le hic : elles comportent aussi des risques d'effets secondaires non négligeables. « La sauge a une parenté chimique avec "l'aspirine" qui peut modifier la coagulation sanguine et vous empêcher de bénéficier de la péridurale ! » rappelle le Dr Dauptain.

Je mise sur l'homéopathie

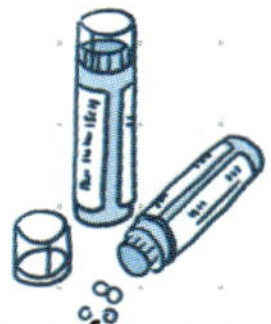

Bonne idée !
Prescrite par un médecin ou une sage-femme qui y est formée, l'homéo peut accélérer l'arrivée de bébé sans contre-indication et sans risque ! Reste évidemment à éviter l'automédication !

Je fais appel aux aiguilles !

Bonne idée !
En stimulant certains points, l'acupuncture peut être très efficace pour provoquer le travail. Une bonne solution si vous êtes vraiment au bout du rouleau. Parlez-en à votre sage-femme !

J'ajoute une touche d'huile !

Mauvaise idée !
Parmi les astuces de grands-mères échangées entre jeunes et futures mamans, vous entendrez peut-être parler de l'huile de ricin. Si elle peut favoriser la maturation du col, elle est aussi un très puissant laxatif… À éviter donc si vous ne voulez pas avoir un accouchement un peu embarrassant !

Le déclenchement de l'accouchement, comment ça marche ?
Si vous n'avez toujours pas accouché à 41 SA, votre praticien mettra en place une surveillance rapprochée (tous les 2 jours) en attendant que votre col arrive à maturation. Si cette maturation ne se fait pas d'elle-même, on pourra provoquer une maturation artificielle grâce à la fameuse prostaglandine, appliquée en préparation vaginale locale. Votre accouchement pourra ensuite, au besoin, être déclenché médicalement grâce à la pose d'une perfusion d'ocytocine et un décollement des membranes, réalisé par votre gynéco ou votre sage-femme lorsque le col est jugé mûr. Vous vous impatientez ? Sachez qu'on ne laisse jamais une femme aller au-delà de 42 SA, mais qu'avant cette « date butoir », on n'accédera pas forcément à votre désir de déclenchement. Faites confiance à l'équipe médicale qui vous suit : elle sait ce qu'il y a de mieux pour vous et votre bébé !

Au secours, j'ai peur d'accoucher !

Plus le jour J approche, plus vous appréhendez l'accouchement ? Rassurez-vous : toutes les futures mamans sont passées par là… et toutes ont su relever le défi, chacune à sa manière ! La solution pour dédramatiser : décrypter vos angoisses !

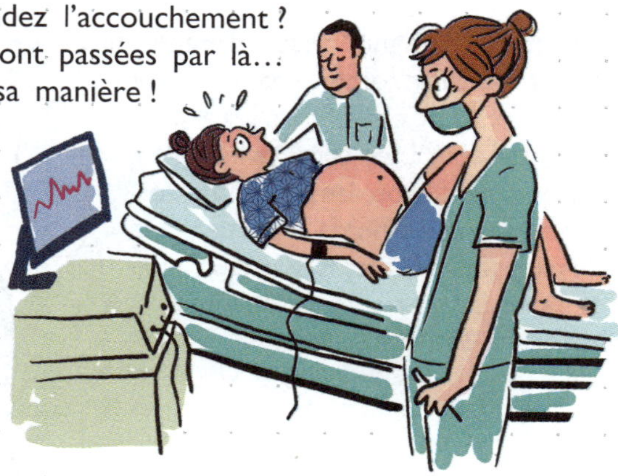

Et si ça ne se passait pas comme prévu ?

Tranquillisez-vous : vous êtes entre de bonnes mains !

L'accouchement, plus médicalisé et bien plus sûr qu'autrefois, fait maintenant surgir de nouvelles peurs chez certaines mamans. Forceps, césarienne… certaines femmes craignent que la naissance de leur enfant se déroule dans des conditions qu'elles n'ont pas souhaité.

Votre solution : soyez assidue à vos cours de préparation à la naissance et posez toutes vos questions à votre praticien lors des consultations prénatales.
Le jour J, rappelez-vous que vous serez entre les mains d'une équipe de pros qui sait s'adapter et fera en sorte que votre accouchement soit le plus doux possible. Faites-leur confiance !

J'ai peur d'avoir mal !

Restez zen : vous allez gérer !

C'est vrai : l'accouchement ne va pas être le moment le plus agréable de votre grossesse. Mais il existe aujourd'hui des outils efficaces pour atténuer la douleur.

Votre solution : pas d'impasse sur la prépa' à la naissance qui vous donnera les clés d'un premier apaisement. Évitez les récits d'accouchement des copines. Ils ne seront en rien révélateurs de VOTRE accouchement ! Le jour J, vous serez aux commandes. Si vous éprouvez de la douleur, il vous suffira de prévenir l'équipe qui trouvera la solution adaptée à l'avancée du travail.

Je ne vais jamais être à la hauteur !

Reprenez confiance : vous n'êtes pas seule !

La crainte de l'accouchement cache souvent une peur plus profonde : celle d'être mère pour la première fois ! C'est légitime : qui n'appréhenderait pas une telle responsabilité ?

Votre solution : rappelez-vous que vous n'êtes pas seule. Le papa, votre famille, vos amis vous aideront à trouver vos marques !
On a parfois peur de reproduire les erreurs de nos parents. Votre histoire familiale vous pèse ? Vous pourrez poursuivre le travail entrepris avec votre sage-femme après la naissance, en consultant au besoin un professionnel de l'écoute.

Je dédramatise les petits aléas de l'accouchement

Un accouchement, c'est rarement (ou même jamais) comme dans les films américains… Certes, vous allez pousser, peut-être crier et sûrement pleurer en tenant bébé dans vos bras, mais il y aura une multitude d'autres petits détails, plus ou moins glamour, auxquels vous serez confrontés. Autant les connaître dès maintenant !

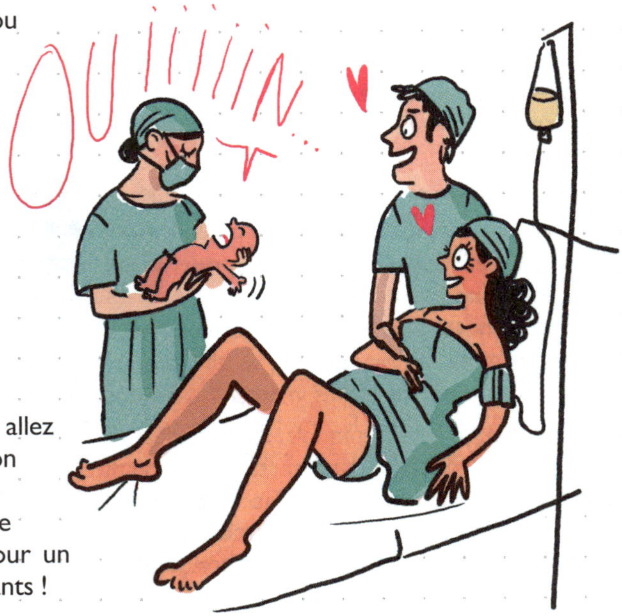

B comme « Bouillonnement »

Il y a sûrement un moment où vous allez trépigner et vous demander : « Mais bon sang, quand va-t-il arriver ce (foutu) bébé ? » Armez-vous de patience : le travail dure en moyenne 8 heures pour un premier bébé, 6 heures pour les suivants !

C comme « Caca »

Oui, sous l'effet de la poussée, il est possible que vous fassiez vos besoins en pleine salle d'accouchement ! Mais l'équipe médicale est équipée pour et en a vu d'autres… Non, ce n'est pas humiliant dans ce contexte, juste parfaitement naturel !

D comme « Délivrance »

Vous avez poussé, soufflé, sué… et finalement, bébé est né ! Eh bien, ce n'est pas fini ! C'est l'heure de la délivrance : l'expulsion du placenta, des membranes et du cordon. Comment ça se passe en pratique ? À l'apparition des épaules de bébé, la sage-femme vous injectera un médicament à base d'ocytocine pour favoriser la contraction de l'utérus et vous « massera » le ventre. Environ 30 minutes après la naissance, les contractions reprendront !

E comme « Épisiotomie »

L'épisiotomie, c'est comme les antibiotiques, ce n'est pas automatique ! Les chiffres en attestent : environ 80 % des jeunes mamans (et 53 % des femmes enceintes pour la première fois[1]) n'en auront pas. Si vous deviez être amenée à subir cette petite intervention, qui consiste à sectionner une partie musculaire du périnée, dites-vous que c'est plutôt pour votre bien à tous les deux. L'expulsion sera plus rapide. L'épisiotomie vous angoisse ? Ne négligez pas le massage du périnée et parlez-en à votre sage-femme.

F comme « Forceps »

Forceps, ventouse, spatules : il existe différents instruments destinés à aider la maman lors de l'expulsion du bébé… Loin d'être des objets de torture, ces outils permettent d'orienter ou de fléchir la tête de bébé pour lui permettre de sortir plus vite, notamment si son rythme cardiaque se modifie. Seuls petits hics : un risque accru d'épisiotomie pour vous et des traces sur la tête de bébé qui disparaîtront très rapidement. Bref, pas de panique…

J comme « Jeun »

Vous pensiez pouvoir pique-niquer si bébé prenait son temps pour arriver ? Ravisez-vous. Il est encore conseillé dans certaines maternités d'être à jeun pendant le travail pour éviter les vomissements ! Si on autorise de plus en plus la future maman à consommer des boissons sucrées, le papa doit tout de même être bien équipé. Ses armes : un brumisateur pour vous rafraîchir pendant l'effort et un goûter pour vous apporter du réconfort une fois bébé arrivé !

L comme « Lame de rasoir (ou tondeuse) »

Un petit rasage souvent peu agréable est encore parfois « offert » aux mamans, notamment en cas d'épisiotomie. Pour vous éviter le feu du rasoir, pensez à vous offrir une bonne épilation au cours du 9e mois ! Et puis rassurez-vous : la pratique est loin d'être systématique !

O comme « Ombilical (cordon) »

La section du cordon ombilical est l'un des moments les plus émouvants de l'accouchement ! Mais ce dont vous ne vous doutiez peut-être pas, c'est que ce geste peut être réalisé plus ou moins rapidement après l'expulsion. Si certaines équipes optent pour un clampage et une section immédiats, d'autres préfèrent attendre deux à trois minutes avant d'inviter le papa à couper le cordon. L'explication : cela permettrait au bébé de bénéficier d'un apport en fer supplémentaire grâce au sang placentaire.

[1] Étude du CIANE (Collectif interassociatif autour de la naissance) fondée sur l'observation de 6300 accouchements entre 2010 et 2013.

M comme « Montée de lait »

La montée de lait ne se fait que deux à quatre jours après l'accouchement, le temps que les hormones de la prolactine et de l'ocytocine fassent leur effet. En attendant, si vous donnez le sein, votre bébé se nourrira de colostrum. Riche en anticorps que vous transmettez, ce liquide jaune et assez épais est parfaitement adapté aux besoins de votre bébé. La nature est bien faite !

R comme « Révision (utérine) »

Parfois, la délivrance ne se déroule pas tout à fait comme prévu. Votre sage-femme pourra alors être amenée à pratiquer une délivrance artificielle, en introduisant sa main dans la cavité utérine pour décoller elle-même le placenta. Elle réintroduira ensuite sa main de la même manière pour vérifier qu'il ne reste pas de caillots ou de petits bouts de placenta. C'est cette « manipulation » qu'on appelle la « révision utérine ». Rassurez-vous : si vous avez eu une péridurale, vous ne sentirez (presque) rien !

S comme « Surveillance »

Dès le travail commencé, votre bébé et vous serez sous (haute) surveillance grâce à un appareil de monitoring. Sa mission est de mesurer le rythme cardiaque de bébé ainsi que la durée et l'intensité des contractions. Rien de tel pour s'assurer que tout se passe bien !

T comme « Tranchées »

Vous pensiez en avoir fini avec les contractions après l'accouchement ? Détrompez-vous ! Les tranchées, qui apparaissent dans les 48 heures après la naissance, permettent à l'utérus de retrouver progressivement sa taille normale. Vous êtes maman pour la première fois ? Vous ne les ressentirez peut-être pas, ou presque ! A contrario, si vous allaitez, les tranchées s'intensifient avec les tétées. Heureusement, tout cela est temporaire…

V comme « Vernix »

Quand vous le prendrez dans vos bras, votre enfant sera encore recouvert (en partie du moins) du vernix caseosa. Cette substance blanche, qui se forme au cours du 3e trimestre de grossesse, protège bébé contre des éléments contenus dans le liquide amniotique. Dans certaines maternités, il ne sera pas retiré à la naissance ; dans d'autres, un bon bain en viendra à bout.

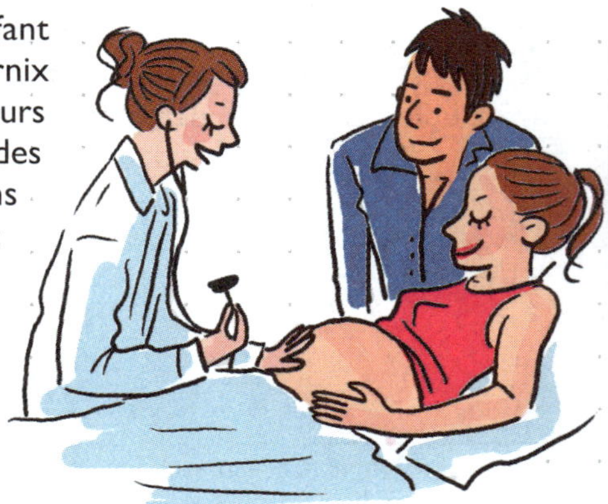

J'adopte les trucs antidouleurs !

En vrai bon petit soldat, vous avez suivi à la lettre l'entraînement dispensé lors de la prépa' à la naissance. Résultat : vous êtes prête pour aller au front de l'accouchement et voir enfin débarquer ce bébé ! Votre plan d'attaque pour le jour J : une bonne stratégie antidouleur, et surtout, des alliés de choix.

Faites la revue des troupes

Votre sage-femme vous a enseigné des techniques de relaxation, de respiration et de gestion de la douleur différentes selon la préparation à la naissance que vous avez choisie. Pour conserver vos repères, mieux vaut donc vous assurer que l'équipe en place le jour de la bataille sera formée à ces mêmes gestes. Ce serait dommage d'avoir fait de l'hypnose pendant plusieurs mois et de n'avoir personne pour vous guider dans cette voie au moment de l'accouchement…

Préparez votre barda

Certes votre paquetage pèse déjà une tonne, mais ça, c'est le problème de l'homme (de troupe) qui vous accompagnera à la maternité ! Rajoutez-en une petite couche en emportant avec vous votre coussin d'allaitement. C'est l'arme de confort numéro un pendant le travail !

Avancez au rythme de votre hymne

Tout ce qui peut vous détendre est bon à prendre ! Vous avez une musique de prédilection ? Embarquez votre téléphone ou lecteur MP3 et des mini-enceintes pour diffuser les airs qui vous rendent plus zen ! Veillez aussi à demander si les salles de naissances sont équipées d'un système audio.

Prévoyez une phase d'attaque aquatique

Autre question à poser lors de vos consultations prénatales : la maternité est-elle équipée de baignoires de pré-travail ? Ces dernières peuvent s'avérer particulièrement utiles pour vous détendre.

Faites corps avec l'état major

La sage-femme qui vous accueillera est là pour vous guider jusqu'à la victoire de la naissance. Veillez à l'écouter religieusement et à toujours (essayer au moins d') appliquer ses consignes… tout en lui expliquant vos attentes ! Faites-lui confiance : elle a une perspective experte et distanciée qui vous sera forcément précieuse, et dites-vous bien que, pour un accouchement normal, son expérience est supérieure à celle du médecin qu'elle saura appeler à la moindre difficulté !

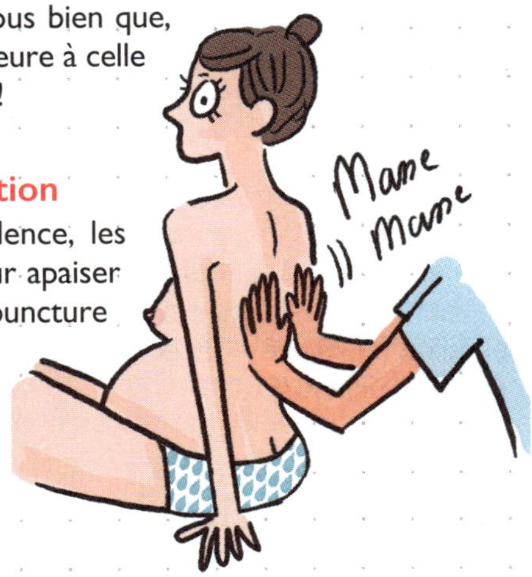

Utilisez toutes les armes mises à votre disposition

Si la péridurale est la technique antidouleur par excellence, les maternités disposent de tout un arsenal de solutions pour apaiser la douleur pendant le travail. Homéopathie, hypnose, acupuncture peuvent ainsi vous soulager si l'équipe y est formée. Autre allié de taille : le MEOPA, un mélange d'oxygène et de protoxyde d'azote plus connu sous le nom de… gaz hilarant (Entonox®) ! Sans contre-indication pour la maman, ni le bébé, il permet de mieux gérer les douleurs.

Faites la peau à vos ennemies (les contractions)

Si vous avez suivi une préparation à la naissance classique, vous avez sûrement appris à « visualiser » vos contractions. Arrivée à la maternité, c'est le moment d'en user et abuser ! Votre mot d'ordre : identifier l'arrivée de la contraction pour avoir le relâchement musculaire nécessaire à l'apaisement de la douleur.

N'oubliez pas d'appeler les renforts

Si vous ne supportez plus la douleur, demandez l'intervention de l'anesthésiste et la pose d'une péridurale. Chaque femme a son seuil de tolérance et la péri' peut donc être posée plus ou moins tôt pendant le travail. Dès que vous vous sentez abattue, appelez les renforts !

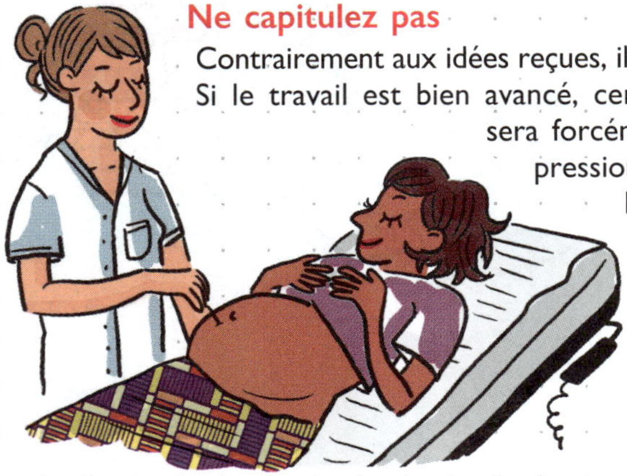

Ne capitulez pas

Contrairement aux idées reçues, il n'est jamais trop tard pour une péridurale. Si le travail est bien avancé, certains hésitent à la poser car son utilité sera forcément plus limitée. Bref, ne cédez pas à la pression ! Vous ne voulez pas de péri' trop tôt ? Dites non à un anesthésiste un peu trop insistant ! Vous avez changé d'avis ? Faites entrer la cavalerie !

Guide de survie du jeune papa à la maternité

On ne va pas chercher la petite bête, mais à la maternité, votre seule mission (et elle est déjà bien compliquée) est celle de donner la vie à votre bébé ! Pour le reste, il y a le papa, qui va devoir s'adapter à la jungle de l'hôpital et aux premières démarches administratives…

5 règles à dompter !

1. Au moment du départ, être muet comme une carpe

Si la tentation est souvent grande pour le papa de prévenir tout le monde de votre départ imminent à la maternité, mieux vaut pour lui de s'abstenir ! En effet, il est important que vous puissiez vivre pleinement à deux cette grande étape de la naissance, sans être parasités par les coups de fil (certes bienveillants) des proches qui veulent savoir si bébé a pointé le bout de son nez ! Il sera largement temps de les contacter quelques heures plus tard… avec la bonne nouvelle !

2. Après la naissance, vous servir de bunker !

Entre la fatigue, les premiers soins de bébé, les conseils pour l'allaitement et les nuits (bien trop) courtes, votre séjour à la maternité s'annonce « intense » ! Ce n'est donc pas forcément le meilleur moment pour vous fatiguer avec des visites incessantes. À votre homme d'avertir votre entourage, de façon habile évidemment, qu'il serait peut-être mieux de venir rencontrer votre poussin une fois toute la famille rentrée au nid…

3. À l'hôpital, faire un travail de fourmi (ou presque)

Certaines démarches administratives devront être faites dans les jours suivant la naissance. Votre homme devra donc prendre le taureau par les cornes ! Son objectif : s'occuper de la déclaration de naissance, notifier le nom et le prénom de votre enfant à l'officier d'état civil et récupérer le livret de famille. Fort heureusement pour les papas paresseux, dans les hôpitaux publics, tout peut souvent se faire directement sur place.

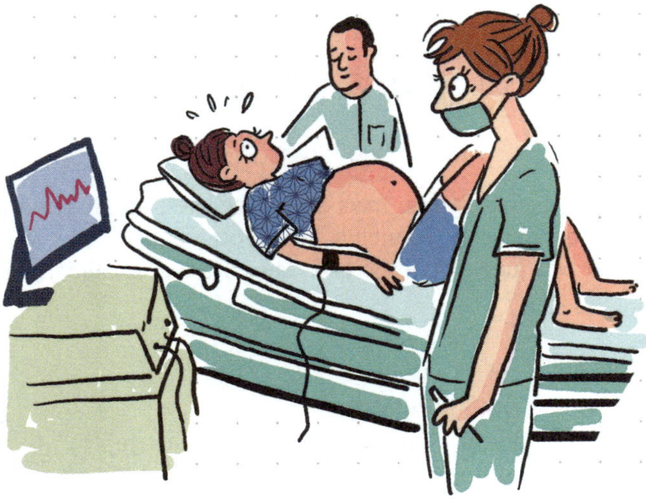

4. Pour préparer la sortie, fureter !

À sa sortie de la maternité, bébé aura un agenda bien chargé, notamment pour assurer le suivi de sa santé. Pendant votre séjour à la maternité, votre homme peut donc se renseigner au plus tôt sur la PMI (Protection Maternelle et Infantile) la plus proche de chez vous, les horaires de consultation et le chemin pour s'y rendre. À caler également : le premier rendez-vous chez le médecin, pédiatre ou généraliste, à prendre dans les 15 jours suivant la naissance !

Comment bénéficier du congé de naissance ?

Votre homme a droit à un congé de naissance de 3 jours, en plus de son congé paternité, à prendre idéalement à votre retour à la maison – pas quand vous êtes bichonnée à la maternité – et dans les 15 jours suivant la naissance. Seul impératif : ne pas oublier de transmettre à son employeur l'acte de naissance de votre chaton !

5. À la maison, faire le papa poule !

Même s'il y a fort à parier que votre bébé se sentira vite chez lui comme un poisson dans l'eau, le retour à la maison risque de constituer pour vous une petite tempête émotionnelle. Entre la fatigue, le nouvel équilibre à trouver, voire même un petit baby blues (qui se déclare généralement dans les 3 à 10 jours après l'accouchement), il va vous falloir du soutien. C'est le moment pour le papa de prendre son congé paternité, de vous relayer autant que possible pour les tâches du quotidien, de « réguler » les visites et les coups de fil des proches et surtout de vous encourager dans votre nouveau rôle de maman ! En un mot : il doit faire en sorte que vous soyez tous les trois comme des coqs en pâte !

Chapitre 5

Une nouvelle partie commence à trois...

Comme tous les jeunes parents, vous allez vivre de grands bonheurs, mais aussi de petits aléas au quotidien avec bébé. Et comme tous les jeunes parents, vous aurez parfois envie de passer la main... Mais rappelez-vous que vous avez tous les atouts pour surmonter ces quelques soucis passagers ! Alors, que ferez-vous dans ses situations délicates ? À vous de cocher !

Bébé pleure et je n'y comprends rien !

- ☐ Je passe mon tour et je le laisse crier.
- ☐ Je relance (la machine) et je vais le pouponner.

➾ Au cours des premiers mois, bébé n'a pas d'autre moyen de s'exprimer qu'en pleurant. Faim, angoisse, coliques... Ses cris sont toujours le signe qu'il a besoin de vous ! Vous vous sentez un peu perdue ? Rassurez-vous : les pleurs de bébé se différencieront rapidement. En attendant, soyez patiente et toujours présente.

Je galère pour donner le sein !

- ☐ J'abandonne la partie et j'inaugure les biberons.
- ☐ Je sors mon joker !

➾ Quand on allaite, les petites complications (mastite, crevasses...) ne sont pas rares. Si vous y êtes confrontée, ne baissez pas les bras ! Des professionnelles de l'allaitement (sage-femme, consultante en lactation IBCLC) sont là pour vous aider !

Je suis épuisée !

- ☐ Je me couche... et je fais appel à mon entourage !
- ☐ Je mise sur le fait que j'ai encore (un peu) d'énergie pour tout gérer.

➾ Entre les nuits trop courtes et le nouvel équilibre à trouver, les premières semaines vont être bien fatigantes ! Votre nouveau mot d'ordre : profitez du temps de sommeil de bébé pour vous offrir une sieste et déléguez au maximum toutes les tâches annexes !

Mon corps fait des choses bizarres !

☐ Je prends le pari que ça finira bien par passer.

☐ Je garde la main… sur le numéro de mon praticien !

➾ Le corps est mis à rude épreuve par la naissance. Vous serez ainsi sûrement confrontée à des tranchées, lochies et autres désagréments pendant un à deux mois. Votre solution : ne négligez pas votre consultation post-natale (deux mois après l'accouchement), appelez votre praticien en cas d'infection ou de saignements abondants et surtout restez zen… Tout rentrera dans l'ordre très vite !

Je me sens (très) déprimée !

☐ J'annonce la couleur et je me fais aider.

☐ Je coupe court à toute discussion et j'attends que ça passe !

➾ Vous avez le moral dans les chaussettes ? Faites le point ! Si ce coup de mou apparaît les jours qui suivent la naissance, vous faites sûrement un simple baby blues, qui passera de lui-même. Si vous commencez à vous sentir incapable de vous occuper de bébé environ 6 à 9 semaines après la naissance, rendez-vous chez votre praticien pour écarter tout risque de dépression post-partum.

Je me sens toute moche !

☐ Je change la donne… en temps voulu !

☐ Je joue à quitte ou double et je m'acharne tout de suite contre mes kilos de grossesse !

➾ Pour mincir, prenez votre temps ! En effet, les régimes stricts après la grossesse sont déconseillés et la reprise d'une activité physique doit respecter un calendrier précis :

- la marche active ou la natation douce après l'arrêt des saignements,
- le renforcement musculaire après la rééducation du périnée,
- les efforts intenses environ 4 mois après la naissance !

Avec le papa, ce n'est pas vraiment ça !

☐ Je change illico de partenaire.

☐ J'arrête de bluffer… et on en parle !

➾ Vous sentez votre homme distant ? Parlez-en et commencez par lui proposer des moments privilégiés seul avec bébé (bain, biberon du soir, balade…).

➾ Dans tous les cas, ces premières semaines vont être pour lui, comme pour vous, une véritable petite révolution. D'une relation exclusive à deux (vous et le papa, vous et bébé in utero), vous passez aujourd'hui à un cercle familial. Certes, il va falloir s'adapter, mais que de petits et grands bonheurs vous attendent ! Des étapes de vie qui consolideront, chaque jour, les liens que vous avez tissé. Laissez donc du temps… au temps !

Et si vous avez des questions ou besoin d'un bon petit coup de pouce, n'hésitez pas à vous procurer le cahier *Mon bébé et moi* qui vous dira tout sur la première année avec bébé. Vite, vite, filez l'acheter !

LE BILAN DE MA GROSSESSE : UNE MERVEILLEUSE ODYSSÉE !

Quel voyage ! Pendant 9 mois, vous avez vaillamment mené votre barque ! Entre les nausées, les petits moments de doute de l'équipage (être parents, mais on ne va jamais y arriver !) et les disettes (apéritives), vous avez parfois navigué en eaux troubles… Mais vous n'avez jamais perdu le cap que vous vous étiez fixé : amener votre petit moussaillon à bon port ! Pour y parvenir, vous avez su surmonter toutes les galères administratives, plonger tête baissée dans la préparation à la naissance et laisser en rade tout ce qui pouvait vous encombrer dans cette belle aventure, des sources de stress aux relations qui vous plombaient !

Et finalement, toutes ces semaines d'attente se sont avérées payantes ! Après avoir passé 9 mois comme un poisson dans l'eau, votre bébé a enfin débarqué… Frais comme un gardon ! Bravo, en quelques mois, vous avez pris du galon et méritez bien votre titre de maman ! Si ce petit carnet de bord vous a accompagné tout au long de ce long périple, n'hésitez pas à le garder précieusement dans vos archives ! Peut-être qu'un jour votre petit mousse voguera lui aussi vers ces jolis horizons de la parentalité… Ce sera alors un beau trésor à lui confier !

Carnet d'adresses

Pour mieux connaître votre sage-femme, votre gynécologue ou vous renseigner sur votre suivi médical

Le site du Collège National des Sages-Femmes de France : www.cnsf.asso.fr
Le site du Collège National des Gynécologues et Obstétriciens Français : www.cngof.asso.fr
Le site de l'assurance maladie : www.ameli.fr

Pour trouver la bonne maternité et une PMI

Le palmarès des maternités du journal *L'Express* :
https://www.lexpress.fr/informations/maternite-palmares_607745.html
La liste des maternités des hôpitaux de Paris : www.aphp.fr
Pour trouver la Protection Maternelle Infantile (PMI) la plus proche de chez vous :
http://allopmi.fr

Pour le choix de votre mode de garde

Le site de la CAF pour connaître vos droits et les aides : http://www.caf.fr/allocataires/vies-de-famille/futur-parent
Trouver une super nounou : mon-enfant.fr
Le site du SPAMAF (Syndicat Professionnel des Assistants Maternels et Assistants Familiaux) : www.assistante-maternelle.org

Pour vous accompagner au quotidien dans votre vie de future et jeune maman

Famili : www.famili.fr
Parents Infobébés : www.infobebes.com

Pour avoir des conseils d'achat et des bons plans

Mum-to-be Party : www.mumtobeparty.com
Avis de mamans : https://paroledemamans.com/avis-de-mamans

Si vous avez besoin d'une écoute

Allo Parents Bébé : https://enfance-et-partage.org/

Pour vous retrouver entre futurs jeunes parents

En Île-de-France, l'Atelier du Futur Papa : www.atelierdufuturpapa.com
Partout en France, les ateliers de portage JPMBB : https://love-radius.com/monitrices

Bibliographie

Ma grossesse mois par mois, éditions Solar.
Le Grand Livre de ma grossesse, Collège national des Gynécologues et Obstétriciens, éditions Eyrolles.
J'attends un enfant, Laurence Pernoud, éditions Horay.
Attendre un enfant, Pr René Frydman et Christine Schilte, éditions Hachette.
Le Yoga pour femme enceinte, Rosalind Widdowson, éditions Marabout.
Préparation sophrologique à la naissance en 8 leçons, Élisabeth Raoul, InterÉditions.
Guide des Prénoms, Julie Milbin, éditions Solar.

Remerciements

Je tiens à remercier :

Dr Gilles Dauptain et Sophie Guillaume, sage-femme, pour leur aide, leurs conseils, leur temps et leur gentillesse… aussi précieux qu'indispensables pour mener à bien ce projet.

Julien pour son soutien indéfectible, ses mots d'encouragement toujours parfaits, son amour, ses projets, lui…

Ma maman, mes sœurs magiques, Claire, Élodie et Caroline – la plus merveilleuse des nièccettes –, Tatou et mon papa pour ses groumpfs de soutien.

Mes amies mamans (et futures mamans) qui n'ont pas été avares en témoignages : Julie, Élyane, Camille, Katrin, Claire, Aurélie, Anne-Laure, Romina.

Mes amis, mamans ou non, qui ont contribué à l'ouvrage en étant là au café, à l'apéro ou par messagerie interposée : Charlotte, Cécile, Caro, Claire, Myriem, Iman, Natacha, Ariane (et Arthur), Amaya, Gallianne…

Mes partenaires de pause préférées : Laure, Sandy et Mylène.

Juliette pour sa patience et ses remarques toujours pertinentes.

Les dauphins parce qu'ils le valent bien !

LES BEAUTIFUL GIRLS, C'EST TOUTE UNE COMMUNAUTÉ !

Retrouvez plein de bonus, de conseils feel good, des recettes, des trainings, et des actus tendance **MADE BY MON CAHIER !**

Un lieu rien que pour vous : http://mylifeisbeautiful.fr/

Une communauté de filles stylées : **VOUS DÉCHIREZ**

mylifeisbeautiful.fr mylifeisbeautiful.fr

Direction : Jean-Louis Hocq
Direction éditoriale : Marion Guillemet-Bigeard
Directrice de collection : Juliette Collonge
Éditrice : Diane Monserat
Conception et mise en couleur de la couverture : Stéphanie Brepson
Maquette intérieure et mise en pages : Nord Compo
Rabats : Sophie Delannoy
Fabrication : Laurence Duboscq

ISBN : 978-2-263-17351-6 – Code éditeur : L17351
Dépôt légal : janvier 2021

Imprimé en France par Clerc
94, rue de la Brasserie, 18200 Saint-Amand-Montrond

Solar, un département d'Édi8
92, avenue de France,
75013 Paris

MIXTE
Papier issu de sources responsables
FSC® C003309
www.fsc.org

SolarEditions
solar_editions
mylifeisbeautiful.fr
mylifeisbeautiful.fr